Berlitz®

# Vorsicht Italienisch!

Unzensierte Ausgabe:
Italienisch, wie es wirklich gesprochen wird



**Berlitz Publishing**
München • Union, NJ • Singapur

**Berlitz Vorsicht Italienisch!**

Herausgegeben von der Berlitz-Redaktion
Originaltext: Nadia Rizzuti
Illustrationen: Kyle Webster, Amy Zaleski
Redaktion und Übersetzung: Alexandra Desbalmes
Projektleitung: Eva Betz



Berlitz Publishing
Mies-van-der-Rohe-Straße 1
D-80807 München



Printed in Austria
ISBN 3-468-79152-6

# INHALT

# Vorspiel

Du willst in Italien so richtig akzeptiert werden? Dann solltest du nicht nur eine Hand voll italienischer Ausdrücke kennen. Wer wirklich mitmischen will, muss Slang, Szenesprache und Schimpfwörter drauf haben. *Berlitz Vorsicht Italienisch!* hat alles, was du brauchst, um Italiener zuzutexten. Keine Grammatikübungen, keine Verbkonjugationen und keine Regeln, aber das Italienisch, das man wirklich spricht – von absolut intimen Details *(parliamo di sesso!)* bis zur Sprache von Computer, E-Mails und SMS.

## Was du wissen solltest ...

Ein bisschen Italienisch solltest du schon können. Die meisten Ausdrücke kannst du für Boys und Girls benutzen. Du musst nur darauf achten, dass du die Formen mit -o für alles Männliche und die Formen mit -a für alles Weibliche verwendest. Wenn ein Wort oder ein Satz wirklich nur für Jungs passt, findest du ein ♂ ; wenn du nur Mädchen so ansprechen solltest, ist der Ausdruck mit einem ♀ markiert.

Wenn du keinen Plan hast, wie man bestimmte Wörter ausspricht, und nicht wie ein Idiot rüberkommen willst, geh ins Netz: Bei **www.berlitzpublishing.de** kannst du alles anhören. Aber dreh es lieber nicht zu laut auf ...

## Achte auf ...

Die schärfsten Sprüche sind mit einem Thermometer gekennzeichnet. Du kannst also ganz leicht abschätzen, wie „schlimm" ein Wort wirklich ist.

- Vorsicht, hammerharter Spruch!
- Nur mit absoluter Vorsicht anwenden! Endbeleidigend und total daneben.

Du hast es hier mit dem Italienisch zu tun, das man wirklich spricht, deshalb geben wir dir eine möglichst genaue deutsche Übersetzung – damit du weißt, wann ein Ausdruck oder Spruch wirklich angebracht ist und wann voll daneben.

Außerdem wirst du auf diese Zeichen stoßen:

Unzensiert Echt vulgärer oder anstößiger Slang

FACTS Coole Facts – kaum zu glauben, aber wahr

Für Insider Insidertipps

## Zu guter Letzt

Sprache ändert sich ständig. Was heute in ist, kann morgen schon out sein. Wenn du in diesem Buch also etwas liest, was absolut von gestern ist, oder wenn du ein cooles Wort kennst, das wir vergessen haben – schreib uns eine Mail an **redaktion@berlitzpublishing.de**.

Dieses Buch trägt nicht umsonst den Aufdruck „Unzensierte Ausgabe"! Die Wörter und Sprüche sind für den Gebrauch vor Eltern, Lehrern, Verwandten und potenziellen Schwiegereltern absolut ungeeignet. Was hier drin steht, ist derb abgefahren. Wenn du so sprechen willst ... dann tu's. Aber: Für alle Zwischenfälle – inklusive Dissen, Schlägereien, Prügel oder Probleme mit Bullen –, die aus dem Gebrauch der Ausdrücke aus *Berlitz Vorsicht Italienisch!* resultieren, übernimmt der Verlag keine Haftung.

# 1 DIE BASICS

*Grüße und Sprüche – von klassisch bis trendy*

*Wie du ...*

- *deine Kumpels begrüßt*
- *fragst, wie es geht*
- *dich verabschiedest*

# Mach den ersten Schritt

*Keine Lust mehr auf ein einfaches „Ciao"? Dann versuch's mal mit was Neuem:*

**Ciao! Come va?**
Hi, wie geht's?
*Das klassische „Ciao" um eine kurze Frage erweitert. Passt immer!*

**A bello!/A bella!**
Hey!/Hey, Alder!/Hey, Süße! (wörtl.: Hey, Schöne(r)!)
*Eine coole Begrüßung in Mittel- und Süditalien, die normalerweise gebrüllt wird.*

**Bella Marco!/Bella Maria!**
Hi Marco/Maria! Schön dich zu sehen!
*Wird nur im Süden benutzt und am besten, wenn du dich echt freust, ihn oder sie zu sehen! Achtung: Auch bei Männern heißt es „Bella", nicht „Bello", da „Bella" hier die abgekürzte Version von „È una bella cosa vederti" (Es ist schön, dich zu sehen.) ist.*

**(Ma) guarda chi si vede!**
Hey, wen sehen da meine trüben Augen!
*Wenn du ihn oder sie lange nicht gesehen hast. Oder ironisch, wenn einer was ausgefressen hat und sich deshalb nicht mehr hat blicken lassen.*

**Ma guarda chi c'è (qua)!**
Schau mal einer an!
*Drückt echte Überraschung aus, ihn oder sie zu sehen.*

# Wie geht's?

*Am besten kommst du ins Gespräch, wenn du erst mal checkst, wie es geht. So kannst du fragen ... und antworten:*

– **Come andiamo?** Wie geht's?
– **Bene grazie, e tu?** Gut, und dir?

– **Tutto bene?** Alles klar?
– **Tutto a posto.** Alles klar.

– **Hey! Come ti va la vita?** Hey, wie läuft's?
– **Sto da favola!** Super!

– **Hey, come butta?** Hey, wie geht's?
– **Butta bene/male.** Gut./Mies.
*Passt nur bei sehr guten Kumpels.*

– **Allora ...? Che si dice?/Che mi racconti?**
Und, was geht?/Was geht ab?
– **Sto di merda.** Mir geht's beschissen.

– **Allora ... novità?** Und, was geht ab?
– **Guarda, sto da panico/da Dio!** Du, mir geht's beschissen/super.

– **Come stai?** Wie geht's?
– **Sto .../Si tira avanti ...** Passt schon.

– **Come va la vita?** Wie läuft's?
– **Così così./'nsomma.** Der gleiche Scheiß wie immer.

**FACTS** Diese ganzen Fragen können auch eine Begrüßung ersetzen. Statt einfach nur „Ciao“ kannst du auf der Straße zu einem Kumpel auch sagen „Hey, Marco! Allora? Che mi dici?“ (Hey, Marco. Und? Was geht?) oder zu einer guten Freundin „Anna! Come va la vita?“ (Anna! Wie geht's?). Kommt besonders gut, wenn du noch nicht direkt vor ihm oder ihr stehst, sondern noch ein paar Meter entfernt bist!

## Ciao, ciao!

*Und wenn der Abschied naht, dann zeig mit diesen Sprüchen, was Sache ist.*

**Vado ... Ci si becca in giro!**
Ich hau ab ... Man sieht sich!
*Passt, wenn du dich möglichst schnell verziehen willst.*

**Ci sentiamo!/Fatti sentire/vedere, mi raccomando!**
Wir hören uns!/Lass was von dir hören!/Lass dich blicken!
*Aber nur, wenn du ihn oder sie wirklich wiedersehen willst ...*

**Allora ... ci si vede!**
Also dann ... Man sieht sich!

**Alla prossima!**
Bis dann!/Bis zum nächsten Mal!
*Wenn du ihn oder sie noch nicht lange kennst und wiedersehen möchtest.*

**Vado verso casa ... A più tardi!/A dopo!**
Ich mach 'nen Abgang! Bis später!
*Ihr lauft euch entweder ständig über den Weg oder habt schon ein neues Date ausgemacht ...*

**Allora ... stammi bene!/In forma, mi raccomando!**
Also, mach's gut!/Hau rein!
*Wünsch es jemandem, der 'ne harte Zeit vor sich hat.*

## Für Insider

In Italien begrüßt man sich schon immer mit Handschlag und – wenn man sich besser kennt – mit zwei Bussis auf die Wange. Seit kurzem gilt das aber nur noch für Verwandte und Erwachsene. Wenn du jung bist, dann gibt's zur Begrüßung statt zwei DREI Bussis auf die Wange (vor allem in Norditalien). Küsschen gibt's in Norditalien übrigens meistens nur zwischen Jungs und Mädels und unter Mädels, im Süden gilt die Regel aber auch für Jungs untereinander. Tipp für die Jungs: Süditaliener sind offener als Norditaliener. Bevor du dich also einer fremden männlichen Wange näherst, überlege kurz, wo du dich befindest. Wenn du in Norditalien bist, dann beschränke dich lieber auf einen kräftigen Händedruck. Sonst denkt der Typ noch, du willst was von ihm ...

# 2 Vom VERLIEBEN zum ENTLIEBEN

*Du willst jemanden cool anmachen oder kalt abblitzen lassen? Hier findest du die Sprüche, mit denen es garantiert klappt. Wie du ...*

- *jemanden ansprichst*
- *flirtest wie ein Profi*
- *jemanden loswirst*
- *Schluss machst*

# Coole Anmachen

*Du beobachtest sie oder ihn schon eine ganze Weile und findest sie oder ihn unheimlich süß ... Lass dir den Flirt deines Lebens nicht entgehen und versuch's mal mit den folgenden Sprüchen:*

**Vuoi bere qualcosa?**
Willst du was trinken?
*Uralter Spruch – aber er scheint noch immer zu funktionieren.*

**Scusa ... hai da accendere?**
Entschuldigung, hast du Feuer?
*Harmloser geht's kaum ...*

**Ma ... non ci siamo già visti prima?**
Haben wir uns nicht schon mal gesehen?
*Wenn du's wirklich überzeugend rüberbringst, funktioniert's vielleicht.*

**Vuoi ballare?**
Hast du Lust zu tanzen?
*Aber bitte nur, wenn ihr beide tanzen könnt!*

“

*Die typische Anmache ...*

– **Scusa ... Non ci siamo già visti prima?** Sorry ... Sag mal, kennen wir uns nicht?
– **Dipende ... Che giri hai?** Kommt darauf an ... Wo hängst du normalerweise so ab?

*oder*

– **Scusa, ma sto aspettando qualcuno!** Sorry, aber ich warte auf jemanden.

”

## Für Insider

*Hier ein paar gewagte Sprüche für Jungs, die leider auch nach hinten losgehen können. Aber vielleicht hast du ja Glück und dein Mut wird belohnt!*

**Scusa ... posso dirti che hai degli occhi bellissimi?**
Sorry, aber ... darf ich dir sagen, dass du die schönsten Augen der Welt hast?

**Er (zu einem fremden Mädchen): Anna?** Anna?
**Sie (schaut ihn verwundert an): Non sono Anna ...** Ich heiße nicht Anna ...
*Und schon ist der erste Schritt getan ... Jetzt kommt es nur noch auf dich an!*

**Hai da fare per i prossimi 100 anni?**
Hast du die nächsten 100 Jahre schon was vor?

## Hey Baby!

*Du findest sie oder ihn superattraktiv? Dann sag es so:*

| | |
|---|---|
| **Quella tipa ...** | Dieses Girl ... |
| **è una gran figa /gnocca.*** | ist superscharf. |
| **è bona da paura.** | ist eine heiße Nummer. (wörtl.: so heiß, dass man Angst bekommt) |
| **è una bonazza.** | ist heiß. |
| **è uno schianto.** | ist der Wahnsinn. (wörtl.: eine Explosion/eine Wucht) |

** Das solltest du wirklich nur zu deinen Kumpels sagen, Mädels stehen da nicht so drauf.*

| | |
|---|---|
| **Quel tipo è ...** | Der Typ ist ... |
| **un sano della Madonna.** | umwerfend geil. (wörtl.: ein wahnsinnig Gesunder) |
| **un gran bonazzo.** | total geil. |
| **un gran pezzo di figo / un figo da paura.** | der absolute Traum. |
| **un gran manzo.** | der Wahnsinn. (wörtl.: ein großartiges Rind/ein großartiger Stier) |

**FACTS** Vor allem Jungs sprechen untereinander von „figa", wenn's um heiße Chicks geht. Wörtlich ist „figa" der umgangssprachliche Ausdruck für das weibliche Geschlechtsorgan. Auch Mädels verwenden inzwischen die männliche Form „figo". „Figo" kann ein Mann sein, aber auch ein Film oder eine CD – einfach alles, was besonders geil ist. Vor allem in Rom und im übrigen Süden ist aus „figo" „fico" und aus „figa" „fica" geworden. Hat zwar dieselbe Bedeutung, klingt aber weniger vulgär: „Fico" ist nämlich eine typische süditalienische Frucht: die Feige!

## Liebesgeflüster ...

| | |
|---|---|
| **Franca, sei ...** | Franca, du bist ... |
| **speciale.** | was ganz Besonderes. |
| **dolce.** | echt süß. |
| **bellissima.** | wunderschön. |
| **Mauro, ...** | Mauro, ... |
| **sei speciale.** | du bist was ganz Besonderes. |
| **sei troppo forte.** | du bist ein echt starker Typ. |
| **non sei come gli altri.** | du bist anders als alle anderen. |

# Übelste Abfuhren

*Du fragst dich schon die ganze Zeit, was der Typ oder die Tussi neben dir eigentlich von dir will? Lass dir nichts gefallen und werd ihn oder sie mit folgenden Sprüchen los:*

**No, guarda, stasera non è proprio serata!**
Du, sorry, aber heute Abend ist's ganz schlecht.
*Die höfliche Variante.*

**Scusa, ma sto aspettando qualcun altro.**
Du, ich warte schon auf jemanden!
*Muss nicht unbedingt stimmen, aber die Message ist eindeutig!*

**Evapora!**
Verschwinde! (Wörtl.: Verdunste!)
*Deutlicher geht's kaum ...*

**Lasciami in pace!**
Lass mich in Ruhe!
*Brutal, aber sehr wirksam!*

**Ho di meglio da fare.**
Ich hab Besseres zu tun!
*Ziemlich zickig, aber das wird helfen.*

**Guarda ... Puoi andare!**
Hör mal ... Du kannst jetzt gehen!
*Wenn dich ein Typ oder eine Tussi schon zu lange belabert hat ...*

**Fa/Fai dei metri!**
Hau ab!/Verpiss dich!
*Wenn du ihn oder sie nicht mehr ertragen kannst.*

*Du willst jemanden abschleppen? Vorsicht ... Dir könnte auch Folgendes passieren:*

– **Sai che sei proprio figa?** Weißt du eigentlich, wie geil du bist?
– **Senti ... Fai dei metri!** Hör zu ... Verpiss dich einfach!

## Nichts zu machen ...

*Er oder sie gefällt dir ganz und gar nicht? Sag's so:*

| | |
|---|---|
| **È un(o)/a ...** | Er/Sie ist ... |
| **maraglio/a.** EMILIA ROMAGNA | mega-out. |
| **bischero/a.** TOSKANA | mega-out. |
| **burino/a.** ROM | mega-out. |
| **sfigato/a.** | so was von out. |
| **cesso.** | eine Gesichtsbaracke/eine Nullnummer. (wörtl.: ein Scheißhaus) |
| **mostro.** | eine Gesichtsbaracke/eine Nullnummer. (wörtl.: ein Monster) |

## Unzensiert

*Sieht er oder sie wirklich nur scheiße aus? Oder ist da noch mehr, was nicht passt? Dann findest du hier ein paar Ausdrücke ...*

*Für Sie:*

| | |
|---|---|
| **Guarda che ...** | So ein ... |
| **schifo d'uomo.** | ekliger Typ! |
| **puttaniere.** | Aufreißer! (wörtl.: Zuhälter) |

*Für Ihn:*

| | |
|---|---|
| **Guarda che ...** | So ein(e) ... |
| **cozza/cofano/scorfano.** | Brechmittel! (wörtl.: Miesmuschel/Motorhaube/Drachenkopf) |
| **chiavica.** | hässlicher Trampel! |
| **figa di legno.** | frigide/eingebildete Kuh! (wörtl.: hölzerne Fotze) |
| **puttanella.** | Flittchen/Schlampe! |

## Aus und vorbei

*Die Geschichte ist zu Ende? Sag's so:*

| | |
|---|---|
| **Lei ...** | Sie ... |
| **ha chiuso con lui.** | hat Schluss mit ihm gemacht. |
| **lo ha mandato a quel paese.** | hat ihn zum Teufel gejagt. |
| **lo ha mandato affanculo/ a fare in culo.** | hat ihn zum Teufel gejagt. |

# Entliebt?

*Wie du es ihm oder ihr beibringst:*

**Ho bisogno di tempo per riflettere.**
Ich brauche Zeit zum Nachdenken.
*Es ist aus!*

**È finita.**
Es ist aus.
*Eindeutig.*

**È meglio chiudere/farla finita.**
Es ist besser, wenn wir Schluss machen.
*Wenn du ihn oder sie noch magst, aber es einfach nicht mehr geht …*

**Rimaniamo amici.**
Wir bleiben Freunde.
*Ja, alles klar!*

**Con te ho chiuso!**
Mit dir bin ich fertig!

# LIEBE und SEX 3

*Italians do it better“ ... und zwar nicht ohne Grund! Hier erfährst du, wie Italiener Herzen erobern und was du am besten sagst, wenn du ...*

- *romantisch sein willst, um Streicheleinheiten zu bekommen oder eine heiße Nacht zu verbringen*
- *über Sex reden willst*
- *deine Eroberung beschreiben möchtest*

# Ist es Liebe?

*Hier ein paar Ausdrücke, um die Intensität deiner Beziehung zu beschreiben ...*

## *Ihr habt nur Spaß?*

**Abbiamo una tresca.**
Wir haben nur unseren Spaß.
*Nichts Ernstes!*

**Ci facciamo delle storie.** NORDITALIEN
Wir haben was miteinander.
*Wenn du nicht glaubst, dass es was Ernstes wird.*

## *Etwas mehr? Sex!*

**Siamo stati a letto (insieme).**
Wir waren miteinander im Bett.
*Deutlicher geht's kaum ...*

**L'abbiamo fatto.**
Wir haben's getan.

## *Und wenn's ernst wird ...*

**Ci stiamo frequentando./Stiamo uscendo.**
Wir daten uns.
*Ihr seht euch oft und gerne – vielleicht wird's die große Liebe!*

**È il mio ragazzo./È la mia ragazza.**
Er ist mein Freund./Sie ist meine Freundin.
*Ihr seid definitiv zusammen.*

# Es geht heiß her

*Was du sagen kannst, wenn du mehr möchtest ...*

**Ho una gran voglia di baciarti.**
Ich habe solche Lust, dich zu küssen!
*Wenn sie oder er da nicht schwach wird ...*

**Un bacino, per favore ...**
Bekomm ich ein Bussi?
*Sag es unschuldig wie ein kleines Kind und dann genieß es!*

**Mi piaci da morire.**
Du bist zum Sterben schön!
*Aber bitte nicht beim ersten Date!*

**Ho voglia di te.**
Ich hab Lust auf dich.
*Jetzt wird's heiß ...*

**Voglio fare l'amore con te.**
Ich will mit dir schlafen.
*Eine klare Ansage!*

# Ein bisschen Turteln

*Hier findest du ein paar italienische Kosenamen, die du an deiner neuen Eroberung testen kannst:*

| **Mi dai un bacio, ...** | Krieg ich einen Kuss, mein/e ...? |
|---|---|
| **tesoro.** | Schatz |
| **topolina.** ♀ | Mäuschen/Süße |
| **tata.** ♀ | Liebling (wörtl. Kosename für Babysitter) |
| **luce dei miei occhi.** ♀ | Liebes/Liebstes (wörtl.: Licht meiner Augen) |
| **passerotto.** ♀ | Spatz |
| **bimba.** ♀ | Kleine |
| **cucciola/o.** | Kleine/r (wörtl.: Welpe) |
| **dolcezza.** ♀ | Süße |
| **piccola.** ♀ | Kleine |
| **stella.** ♀ | Schatz (wörtl.: Stern) |
| **patatina.** ♀ | Kleine/Süße (wörtl.: Kartöffelchen) |
| **ciccia/o.** | Süße/r (wörtl.: Pummelchen) |

# Unzensiert

*Und jetzt geht's zur Sache. Was folgt, sind einige ziemlich dreckige Begriffe, die alle nur das Eine bedeuten. Ein Tipp: Wenn du mit einem Mädel oder einem Jungen schlafen willst, dann bleib bei der romantischen Frage: „Vuoi fare l'amore con me?" (Wörtl.: Willst du mit mir Liebe machen?). Falls du mit deinen Kumpels über Sex sprichst, kann sich das auch so anhören:*

**Mi piace un casino ...** Ich steh total auf Ficken/Poppen/Vögeln/Bumsen.

**scopare.**
*Hört man sehr oft. Wörtlich bedeutet es „kehren/fegen".*

**trombare.**
*Auch nicht schlecht. Wörtlich etwa: „mit der Trompete spielen".*

**bombare.**
*Nicht ganz so vulgär wie „trombare" – aber fast!*

**chiattare.**
*Nicht so geläufig; vom Niveau her wie „bombare".*

**chiavare.**
*Ein gutes Bild: „den Schlüssel ins Schloss stecken".*

**fare una pelle.** ♂
*Sagt man fast nur in Rom.*

**fottere.** ♂
*Heißt eigentlich „klauen". Der Mann klaut der Frau ... Na ratet mal!*

**ciul(l)are.**
*Wie „fottere".*

# Wie sag ich's meinen Freunden ...

**Abbiamo passato la notte assieme.**
Wir haben die Nacht zusammen verbracht.
*War wohl eher eine schlaflose Nacht ...*

**Abbiamo fatto sesso.**
Wir hatten Sex.
*Klar und deutlich.*

**Ci siamo conosciuti in senso biblico.**
Wir haben uns im biblischen Sinn erkannt.
*Sag's mit einem Augenzwinkern!*

**È successo quello che doveva succedere.**
Es ist geschehen, was geschehen musste.
*Das nennt man Schicksal ...*

**L'ho sfondata diverse volte.** ♂
Ich hab sie ordentlich durchgefickt.
*Passt auch, wenn du sie entjungfert hast.*

**Abbiamo trombato come ricci.**
Wir haben gevögelt wie die Karnickel.
*Anstrengende Nacht, was?*

**Finalmente me l'ha data!** ♂
Endlich bin ich zum Zug gekommen! (wörtl.: hat sie sie mir gegeben)
*Und? Zufrieden?*

**Le ho dato due colpi!** ♂
Ich hab sie ordentlich gebumst! (wörtl.: ihr zwei Stöße gegeben)
*Achtung! Wirklich nur für die Ohren deiner Freunde bestimmt!*

# Engelchen oder Teufelchen?

*Ist sie 'ne Brave oder ein Luder? Ist er ein Kavalier oder ein Weiberheld?*

| | |
|---|---|
| **Lei è ...** | Sie ist ... |
| **una brava ragazza.** | ein anständiges Mädchen. |
| **una ragazza a posto.** | total in Ordnung. |
| **una suora.** | sehr anständig. |
| **una santarellina.** | echt anständig. |
| **una bomba da sesso.** | eine Sexbombe. |
| **una gran troia/zoccola.** | eine Schlampe/ein Flittchen. |
| **una poco di buono.** | nicht gerade die Anständigste. |
| **una ragazza di facili costumi.** | leicht zu haben. |
| **Lui è ...** | Er ist ... |
| **un cavaliere.** | ein Kavalier. |
| **un gentleman.** | ein Gentleman. |
| **un bravo ragazzo.** | ein anständiger Kerl. |
| **un ragazzo a posto/perbene.** | ein anständiger Kerl. |
| **un farfallone.** | ein Aufreißer/Frauenheld. |
| **un bastardo.** | ein Dreckskerl/Scheißkerl. |
| **un gigolò.** | ein Gigolo. |
| **uno che gli fumano le palle.** | ein Stecher. (wörtl.: einer, dem die Eier rauchen) |
| **un animale da letto.** | ein Tier/ein Hengst. |
| **una macchina da sesso.** | ein Stecher. (wörtl.: eine Sex-Maschine) |
| **uno sciupafemmine.** | ein Aufreißer/Frauenheld. |

# Safer Sex

*Bevor du zur Sache kommst, solltest du dich auch damit auskennen!*

| | |
|---|---|
| **Hai un ...** | Hast du ein/en ...? |
| **preservativo?** | |
| **guanto?** | Kondom/Gummi |
| **goldone?** | |
| **cappuccio?** | |

**Prendi la pillola?**
Nimmst du die Pille?

**Hai il diaframma?**
Benutzt du ein Diaphragma?

**Hai la spirale?**
Hast du die Spirale?

**FACTS** Die Legende, dass italienische Frauen bis zur Ehe Jungfrau bleiben, schwindet mehr und mehr. Im Süden gibt es zwar noch einige Leute, die an dieser Tradition hängen, aber seit Jahrzehnten sucht man vor dem Traualtar meistens vergeblich nach Jungfrauen. Auch das katholische Italien wird langsam liberaler.

# Sexuell übertragbare Krankheiten

*Mach dich lieber vorher kundig!*

| | |
|---|---|
| **Quella tipa ha ...** | Die Tussi hat ... |
| **una malattia venerea.** | eine Geschlechtskrankheit. |
| **la sifilide.** | Syphilis. |
| **l'aids.** | Aids. |
| **un fungo.** | einen Pilz. |
| **l'herpes.** | Herpes genitalis. |
| **l'epatite c.** | Hepatitis C. |

“ *Vergiss nicht zu fragen ...*

– **Hai fatto il test per l'aids?** Hast du einen Aids-Test gemacht?

– **Certo, tutto a posto!** Klar, ich bin sauber! ”

# 4 Die SCHWULEN- und LESBENSZENE

*Du willst auch in der alternativen Szene Spaß haben? Hier findest du ihn!*

- *Wörter für Schwule und Lesben*
- *Die richtigen Locations*
- *Ein bisschen bi schadet nie*

# Ist er oder sie homo?

*Auch im Italienischen gibt es zahlreiche Wörter für den alternativen Lebensstil, harmlose und ... endfiese!*

| | |
|---|---|
| **Franco è ...** | Franco ist ... |
| **omosessuale.** | homosexuell. |
| **gay.** | schwul. |
| **diverso.** | schwul. (wörtl.: „anders“) |

**Katia è lesbica.**
Katia ist lesbisch.

## Unzensiert

*Du suchst nach tafferen Begriffen für Schwule? Dann lies weiter ...*

| | |
|---|---|
| **Maurizio è ...** | Maurizio ist ... |
| **frocio.** | schwul. |
| **finocchio.** | schwul. |
| **ricchione.** | schwul. |
| **un culattone.** | ein Arschficker. |
| **un busone.** | ein Schwucko. |
| **una checca.** | eine Tunte. |

# Unterwegs in der Szene

*So kannst du über Schwule und Lesben reden ...*

**Andrea è dell'altra sponda.**
Andrea ist vom anderen Ufer.

**Gli piacciono gli uomini.**
Er steht auf Männer.

**È una gran checca!**
Er ist 'ne Tunte!

**Fabio è andato via con il suo nuovo amichetto.**
Fabio ist mit seinem neuen Typen weggegangen.

**Luca è troppo effemminato!**
Luca ist so was von tuntig!

**Per me l'ha preso diverse volte nel di dietro!**
Ich glaube, der wurde schon öfter von hinten gebumst.

## Für Insider

Schwule wurden früher in Italien sehr schief angeschaut und als anormal bezeichnet. Da wundert es kaum, dass es so viele abschätzige Ausdrücke für sie gibt! Wobei die nicht nur benutzt werden, um Homos blöd anzureden oder zu beleidigen – man kann sie auch gebrauchen, um Heteros zu verarschen! Wenn ein Kumpel von dir mal an einem Abend kein Chick abgekriegt hat, könntest du z. B. sagen: „Ma allora sei proprio gay!" (etwa: „Hey, bist du schwul, oder was?") Natürlich mit dem passenden verarschenden Unterton! Ansonsten solltest du aber aufpassen, wie und wann du diese Ausdrücke benutzt.
Dass es auch homosexuelle Frauen gibt, wird in Italien erst seit kurzer Zeit bewusst wahrgenommen. Für sie gibt es (noch) keine üblen Schimpfwörter.

**Le piacciono le donne.**
Sie steht auf Frauen.

**È una maschiaccia!**
Die benimmt sich wie ein Typ!

**È sicuramente una lesbo.**
Das ist bestimmt 'ne Lesbe.

*Die richtige Location ...*

| | |
|---|---|
| **Conosci ...?** | Kennst du ...? |
| **una discoteca gay/lesbo** | eine Schwulen-/Lesbendisco |
| **un pub gay** | eine Schwulenkneipe |

**FACTS** Italien ist immer noch ein sehr katholisches Land, und Schwule werden dort aufgrund der langen erzkonservativen Geschichte als „andersartig" betrachtet. Inzwischen tut sich aber einiges, und vor allem in Norditalien wird die Schwulenszene immer mehr zu einer sichtbaren Realität. Als Schwulen- und Lesbenhauptstadt Italiens gilt Bologna. Überhaupt ist die gesamte Emilia-Romagna gegenüber Homosexuellen sehr tolerant, was wohl auch an ihrer seit jeher sozialistischen Gesinnung liegt. Mailand ist die Stadt mit den meisten Schwulenlokalen, und Rom und die gesamte Region Latium gelten als schwulenfreundlich. Der Nordosten Italiens ist gegenüber Homosexuellen im Allgemeinen wenig tolerant, aber die schwulenfeindlichste Stadt liegt im Süden: Catania. Hier gibt kaum jemand zu, dass er homosexuell ist.

# Ist er oder sie bisexuell?

**È bisex.**
Er/Sie ist bisexuell.

**Le piace provare di tutto.**
Sie probiert alles aus.

**Le piace andare sia con gli uomini che con le donne.**
Sie kennt beide Ufer. (Wörtl.: Sie geht genauso gern mit Frauen wie mit Männern.)

**Non sa ancora da che sponda stare.**
Er/Sie ist noch unentschieden. (wörtl.: hat sich noch nicht für ein Ufer entschieden)

**Maurizio è un vero metrosessuale.**
Maurizio ist voll der Metrosexuelle.

**FACTS**

Der typische Metrosexuelle lebt in der Großstadt, steht gerne in der Küche, achtet sehr auf sein äußeres Erscheinungsbild und ist ... Hetero! In Italien gibt es noch nicht besonders viele davon – dazu ist der Durchschnittsitaliener zu sehr Macho. Der Schritt vom gepflegten Italiener, der seine Mama vergöttert, zum Metrosexuellen, dem sein Aussehen und seine Mutter auch äußerst wichtig sind, dürfte aber nicht allzu groß sein.

# SPORT und SPIEL 5

*Dass Italiener große Fußballfans sind, ist kein Geheimnis. Was, wenn dich einer mal mit ins Stadion nimmt? Oder vielleicht ins Fitnessstudio? Oder auf ein Playstation-Event? Hier findest du die richtigen Worte, wenn du ...*

- *wie ein echter Fan über Fußball reden willst*
- *im Fitnessstudio eine gute Figur machen willst*
- *auf einem Playstation-Event bist*
- *dich im Glücksspiel versuchen möchtest*

# Im Stadion ... oder vor der Glotze

*So kannst du mitfiebern, wenn deine Lieblingsmannschaft spielt ...*

**Forza Juve!**
Auf geht's, Juve!
*Statt „Juve" (Juventus Turin) kannst du damit natürlich jede andere Mannschaft deiner Wahl anfeuern!*

**Forza Milan alè alè!**
Milan olé!/Auf geht's, Milan!
*Auch hier kann „Milan" (AC Mailand) durch jede beliebige Mannschaft ersetzt werden.*

**Vai così!**
Weiter so!/Ja, gut so!

**Tira!**
Jetzt schieß schon!

**Passala!**
Gib den Ball doch ab!

**Siamo solo noi!**
We are the champions! (Wörtl.: Es gibt nur uns.)
*Kommt von dem populären Song „Siamo solo noi" von Vasco Rossi.*

**Non ce n'è per nessuno!**
Keiner kann uns das Wasser reichen!

**È uno spettacolo!**
Ein endgeiles Spiel!

**Totti/Vieri/Del Piero ... facci sognare!**
Totti/Vieri/Del Piero ... du schaffst es!

# Gewonnen!

| | |
|---|---|
| **Che partita!** | Was für ein Spiel! |
| **È stata una partita ...!** | Das war ein ... Spiel! |
| **favolosa** | super |
| **fantastica** | fantastisches |
| **mitica** | denkwürdiges |
| **indimenticabile** | unvergessliches |
| **unica** | einzigartiges |
| **da paura** | unglaubliches |
| **È stato un goal ...** | Das war ein ... Tor! |
| **della Madonna!** | arschgeiles |
| **divino.** | geniales (wörtl.: göttliches) |
| **spettacolare.** | fantastisches |
| **Ha giocato ...** | Er hat ... gespielt. |
| **da Dio.** | phänomenal/göttlich |
| **divinamente.** | phänomenal/göttlich |
| **da fuoriclasse.** | genial |

**La difesa non li ha fatti passare!**
Unsere Verteidigung stand wie eine Eins!

## FACTS

Neben dem üblichen Gebrüll im Stadion ist es zurzeit sehr in, Hymnen zu singen, die auf die eigene Mannschaft gemünzt sind. „Forza Juve (Milan, Inter, ...) alè alè“ ist eine der beliebtesten. Eine andere „Chi non salta juventino (milanista, interista, ...) è“ wird hüpfend gesungen und soll die Fans der gegnerischen Mannschaft provozieren. Sie bedeutet so viel wie „Wer nicht in die Höhe springt, ist Juve-Anhänger (Milan-, Inter-, ...-Anhänger)“. In Rom hört man häufig den Gesang „Ma che siete venuti a fa'?“ (etwa: „Wozu seid ihr überhaupt hergekommen?“), der sich an die gegnerischen Fans richtet.

**Un attacco formidabile!**
Ein Angriff wie aus dem Lehrbuch!

**Se la sono sudata!**
Sie haben sich den Sieg echt erkämpft!

**Ce la siamo meritata!**
Wir haben den Sieg verdient!

| **È stato/a ...** | Es war ... |
| --- | --- |
| **un partitone!** | ein Riesenspiel! |
| **una gran partita!** | ein geiles Spiel! |
| **una partita storica!** | ein denkwürdiges Spiel! |
| **la partita del secolo!** | das Spiel des Jahrhunderts! |

## Beschimpfungen

*Ein Zuschauer hat nicht nur die Aufgabe, die eigene Mannschaft anzufeuern, sondern muss auch den Schiri schikanieren und den Gegner aus dem Konzept bringen.*

**Arbitro cornuto!**
Dreckiger Schiri! (wörtl.: gehörnter Schiedsrichter)

**Arbitro venduto!**
Du bist doch gekauft! (wörtl.: bestochener Schiedsrichter)

**Che arbitro del cazzo!**
So ein Scheißschiri!

**Arbitro bastardo!**
Du dreckiger Schiri!

**Ma che cazzo fai, coglione?!**
Was machst du denn da, du Arschloch?!

## Unzensiert

**Figlio di puttana!**
Hurensohn!

**Pezzo di merda!**
Scheißkerl!

**Stronzo!**
Arschloch!

**Vaffanculo!**
Arschloch!/Verpiss dich!/Leck mich!

## Am Verlieren?

*Und wenn deine Lieblingsmannschaft ein schlechtes Spiel abliefert?*

**Tira quella cazzo di palla!**
Jetzt schieß endlich den dreckigen Ball nach vorne!

**Sei un coglione!**
Du bist doch ein Vollidiot!

**Cazzo, tirala in porta!**
Mann, schieß doch selbst auf's Tor!

**Corri in difesa!**
Jetzt lauf nach hinten! (wörtl.: in die Verteidigung)

**Marcalo stretto!**
Lass ihn bloß nicht durch!

**Che cappella!**
Was für ein beschissener Fehler!

# Sport ohne Ende

| | |
|---|---|
| **Ti piace/piacciono ...?** | Stehst du auf ...? |
| **il baseball** | Baseball |
| **il basket** | Basketball |
| **la box** | Boxen |
| **la formula 1** | Formel 1 |
| **il ciclismo** | Radfahren |
| **il rugby** | Rugby |
| **il monopattino** | Rollerfahren |
| **il pattinaggio in linea** | Inline-Skaten |
| **l'atletica leggera** | Leichtathletik |
| **la pallav(v)olo** | Volleyball |
| **il sollevamento pesi** | Gewichtheben |
| **le arti marziali** | Kampfsport |
| **il surf** | Surfen |
| **il windsurf** | Windsurfen |
| **il kite-surf** | Kitesurfen |
| **il nuoto** | Schwimmen |
| **la pallanuoto** | Wasserball |
| **lo sci nautico** | Wasserski |
| **lo sci** | Skifahren |
| **lo snowboard** | Snowboardfahren |

# Und jetzt geht's los!

| | |
|---|---|
| **Vado ...** | Ich gehe ... |
| **in palestra.** | ins Fitnessstudio. |
| **a fare un po' di movimento.** | ein bisschen sporteln. |
| **ad aerobica.** | zur Aerobic-Stunde. |
| **ad allenamento.** | trainieren. |
| **a far pesi.** | Gewichte heben. |
| **a fare body building.** | an die Geräte. |
| **a fare gag.** | zur Bauch-Beine-Po-Gymnastik. |
| **a fare spinning.** | zum Spinning. |
| **a fare un po' di cyclette.** | ans Ergometer. |
| **a fare un po' di tapis roulant.** | ans Laufband. |
| **a fare acqua gym/ ginnastica in acqua.** | zur Aqua-Gym. |

**Dai che ce la fai!**
Komm schon, du schaffst es!

**Ancora uno sforzo!**
Gib alles! Du hast es gleich!

**Non ce la faccio più!**
Ich kann nicht mehr!

| | |
|---|---|
| **Sono ...** | Ich bin ... |
| **esausto/a.** | fertig. |
| **sfinito/a.** | am Ende. |
| **stanco/a** | todmüde. |
| **morto/a.** | todmüde. |

| **Sono ...** | Ich bin ... |
|---|---|
| **al limite.** NORDITALIEN | am Ende. |
| **arrivato/a.** | fertig. |
| **cotto/a.** | fertig. |

**Sto sudando come un cammello!**
Ich schwitze wie ein Schwein. (wörtl.: wie ein Kamel)

## Wellness und mehr

*Bring dein Fitness-Vokabular in Form*

| **Avete ...?** | Gibt es hier ...? |
|---|---|
| **la sauna** | eine Sauna |
| **il bagno turco** | ein Dampfbad |
| **la doccia** | Duschen |
| **i massaggi** | Massagen |

| **Non dimenticare ...** | Vergiss nicht ... |
|---|---|
| **i pantaloncini.** | deine Shorts. |
| **la culotte.** | deine Shortpants. |
| **la maglietta.** | dein T-Shirt. |
| **l'asciugamano.** | dein Handtuch. |
| **la tuta.** | deinen Trainingsanzug. |

### Für Insider

Die Xbox und vor allem die Playstation haben auch in Italien eine große Fangemeinde. Immer mehr Jugendliche treffen sich zu stundenlangen Playstation-Events. Aber auch die guten alten Gesellschaftsspiele erfahren seit einiger Zeit ein Revival: Es gibt immer mehr Pubs, in denen die verschiedensten Spiele (wie Monopoly, Tabu, Risiko oder Trivial Pursuit) bereitstehen.

# Jetzt wird gespielt

*Du bist zu einer Runde Playstation oder Monopoly eingeladen worden? Hier das richtige Vokabular:*

**Facciamo una partita alla play?**
Spielen wir eine Runde Playstation?

**Facciamo un doppio?**
Spielen wir zusammen Playstation?

**Facciamo un giro di Risiko?**
Spielen wir eine Runde Risiko?

**Giochiamo a dadi?**
Geht eine Runde Würfeln?

**Colpiscilo!**
Schlag ihn!

**Sparagli!**
Schieß auf ihn!

**Becca il fantasma!**
Mach das Gespenst platt!

**Fallo fuori!**
Mach ihn fertig!

**L'ho steso!**
Ich hab ihn platt gemacht!

**L'ho ammazzato!**
Ich hab ihn getötet!

**L'ho abbattuto!**
Ich hab ihn fertig gemacht!

# Glücksspiel

**Hai già puntato?**
Hast du schon gesetzt?

**Su chi hai puntato?**
Auf wen hast du gesetzt?

**Ho puntato 100 € sul rosso!**
Ich hab 100 Euro auf Rot gesetzt.

**Ho fatto 13!**
Ich hab beim Fußball-Toto gewonnen!

**Ho vinto la lotteria!**
Ich hab im Lotto gewonnen!

**Ho avuto un culo della Madonna!**
Ich hab ein Scheißglück gehabt!

**Mi hanno fottuto!**
Ich bin im Arsch!

**Sono rovinato/a!**
Ich hab alles verloren!

**Ho la sfiga che mi perseguita!**
Ich werd vom Unglück verfolgt!

# Für Insider

Passend zu ihrer Fußballbegeisterung sind Italiener auch große Fans von „Totocalcio“ und „Fantacalcio“. „Totocalcio“ entspricht in etwa der deutschen Toto-13er-Wette: Der Teilnehmer füllt den Spielschein aus, indem er seinen Tipp abgibt, wie die nächsten Spiele der Meisterschaft ausgehen werden. Für jeden richtigen Tipp bekommt er einen Punkt. Die Höchstpunktzahl ist 14, aber schon mit 13 Punkten ist man ein König und kann eine Menge Kohle absahnen. „Fantacalcio“ ist im Gegensatz dazu durch und durch virtuell: Als Teilnehmer stellst du dir aus Fußballern deiner Wahl eine virtuelle Mannschaft zusammen und lässt sie gegen andere virtuelle Mannschaften antreten. Die Ergebnisse hängen davon ab, welche Erfolge die Spieler in den wirklichen Fußballspielen haben. Alles klar?

# 6 SHOPPEN

*Italiener sind ganz verrückt nach Klamotten und Mode – kein Wunder, dass der „italienische Stil“ auf der ganzen Welt berühmt ist. Hier findest du die richtigen Ausdrücke für ...*

- *den endgeilen Einkaufsbummel*
- *Schnäppchenjäger und Modebewusste*

# Auf zum Shoppen!

*Damit du im Laden nicht sprachlos herumstehst, hier die ersten Basics:*

| | |
|---|---|
| **Dov'è il reparto ...?** | Wo ist die ...? |
| **donne/uomini** | Damen-/Herrenabteilung |
| **articoli sportivi** | Sportabteilung |
| **costumi da bagno** | Abteilung für Bademoden |
| **calzature** | Schuhabteilung |
| **profumeria** | Kosmetikabteilung |

| | |
|---|---|
| **Cercavo qualcosa di ...** | Ich suche was ... |
| **sobrio.** | Schlichtes. |
| **elegante.** | Schickes/Elegantes. |
| **sportivo.** | Sportliches/Lässiges. |
| **carino.** | Hübsches. |
| **sfizioso.** | Besonderes/Auffälliges. |
| **provocante.** | Flippiges/Auffälliges. |
| **originale.** | Flippiges/Abgespactes. |

**Hai anche taglie più grandi?**
Haben Sie auch größere Größen?

**Hai la 42?**
Haben Sie das auch in Größe 42?

**Hai anche altri colori?**
Gibt es das auch in anderen Farben?

**No, non è il mio genere/stile.**
Nein, das ist nicht mein Stil!

**Cercavo qualcosa di più giovanile.**
Ich hab was Jugendlicheres gesucht.

**Posso provare questo paio di pantaloni?**
Kann ich diese Hose anprobieren?

**Dov'è lo spogliatoio?**
Wo sind die Umkleiden?

| | |
|---|---|
| **Dove avete ...?** | Wo finde ich ...? |
| **i CD** | CDs |
| **i DVD** | DVDs |
| **le cartoline** | Postkarten |
| **i libri** | Bücher |
| **giornali e riviste** | Zeitungen und Zeitschriften |

## Für Insider

In Italien kann man nicht nur in den zahlreichen Läden gut shoppen ... Geh doch auch mal auf einen Markt! Jede größere Stadt hat mindestens einen – der bekannteste ist der von Porta Portese in Rom –, und meistens lassen sich sogar die kleinen Dörfer dieses Vergnügen nicht nehmen. Auf solchen Märkten findet man echt alles: von Lebensmitteln über preiswerte Kleidchen bis hin zu reduzierter Markenware mit kleinen Fehlern.
Dann gibt es noch die „Vucumprà"*, die ihr sicher vom Strandurlaub kennt: Das sind die, die beladen mit Klamotten, Armreifen, Halsketten und Handtüchern auf und ab laufen und auf Käufer hoffen. Und zu guter Letzt findest du die zwielichtigen Gestalten, die illegal Rolex-Uhren und Markenhandtäschchen zu Spottpreisen verscherbeln.

** „Vucumprà" kommt von der Frage „Vuoi comprare?". So sprechen die meistens aus Nicht-EU-Ländern stammenden Verkäufer ihre Standardfrage aus.*

# Die Tour geht weiter ...

*Wenn du erstmal in einem Laden stehst, kommt bestimmt auch bald eine Verkäuferin auf dich zu und stellt ihre üblichen Fragen.*

**Posso aiutarti?**
Kann ich dir helfen?

**Posso esserti utile?**
Kann ich dir helfen?

**Cercavi qualcosa in particolare?**
Suchst du was Bestimmtes?

**Vuoi vedere qualcos'altro?**
Willst du was anderes sehen?

**Se hai bisogno chiedi pure!**
Wenn du was brauchst, dann sag einfach Bescheid!

*Du willst dich in Ruhe umschauen, ohne ständig eine Verkäuferin im Nacken zu haben?*

– **Ciao! Posso aiutarti?** Hallo! Kann ich helfen?
– **No, davo solo un'occhiata in giro!** Nein danke, ich schau mich nur um.

# Jetzt geht's an den Geldbeutel

*Was kostet das Teil und ... wie willst du bezahlen?*

**Quanto costa?**
Was kostet das?

**Quanto viene?**
Was macht das?

**A quanto me lo fai?**
Wie viel willst du dafür?

**Posso pagare con il bancomat?**
Kann ich mit EC-Karte zahlen?

**Posso pagare con la carta di credito?**
Kann ich mit Kreditkarte zahlen?

**Accettate assegni?**
Nehmen Sie Schecks?

**Non facciamo credito.**
Wir geben keinen Kredit.

**FACTS** Wenn du in Italien lebst und dort ein Girokonto bei einer italienischen Bank hast, kannst du per „Pagobancomat" bezahlen. Das entspricht der deutschen EC-Karte, bei der das Geld im Gegensatz zur Bezahlung mit der Kreditkarte gleich vom Konto abgebucht wird. So erlebt man am Ende des Monats wenigstens keine bösen Überraschungen!

# Kohle

*Die verschiedensten Möglichkeiten, von Geld zu reden*

| | |
|---|---|
| **Mi presti ...?** | Leihst du mir ...? |
| **un po' di soldi** | ein bisschen Geld |
| **un po' di pilla** | ein bisschen Kohle |
| **due scudi** ROM | ein paar Mücken/Mäuse |
| **un po' di quattrini** | ein paar Mücken/Mäuse |
| **due verdoni** ROM | zwei große Scheine |
| **qualche spicciolo** | ein bisschen Kleingeld |
| **degli schei** VENEZIEN | ein bisschen Kohle |

| | |
|---|---|
| **Ce l'hai/li hai ...?** | Hast du ...? |
| **un deca** | 'nen Zehner |
| **un cinquantino** | 'nen Fuffziger |
| **una carta da venti** | 'nen Zwanziger |
| **20 bigliettoni** | 'nen Zwanziger |

*Und wenn du nicht wechseln kannst:*

| | |
|---|---|
| **Non ho ...** | Ich hab kein ... |
| **soldi cambi.** | Wechselgeld. |
| **spiccioli.** | Kleingeld. |
| **moneta.** | Kleingeld. |

# Echte Schnäppchen

*Du willst mit dem Verkäufer handeln oder einen Kommentar über deine Einkäufe abgeben? Bitte ...*

**Quanto mi fai se te ne compro due?**
Was zahle ich, wenn ich zwei davon kaufe?

**Lasciami almeno il caffè!**
Die paar Cent kannst du mir wohl nachlassen! (Wörtl. etwa: Lass mir wenigstens das Geld für einen Espresso!)

**Dai ... Fammi bene!**
Komm schon, mach mir 'nen guten Preis!

**Facciamo 10 € e non se ne parla più?**
Sagen wir 10 Euro und damit ist's gut?

**Mi vuoi rovinare?**
Willst du mich ruinieren?

**È stata una gran bazza!** NORDITALIEN
Das war ein echtes Schnäppchen!

**È stato un affare!**
Das war ein Schnäppchen!

**Quel negozio ha dei prezzi niente male!**
Der Laden hat faire Preise!

**Quel negozio ha della bella roba/robina.**
Der Laden hat geile Klamotten!

**Quel negozio ha solo roba griffata.**
Der Laden verkauft nur Designer-Klamotten.

**Quel tipo vende occhiali taroccati.**
Der Typ verkauft gefälschte Designer-Brillen.

**Mi è costato un occhio della testa!**
Das hab ich teuer bezahlt! (wörtl.: hat mich ein Auge gekostet)

**È un furto!**
Das ist ja der volle Nepp/Ripp!

**Mi è costato lo stipendio!**
Das war endteuer! (wörtl.: hat mich ein Monatsgehalt gekostet)

**Mi hanno salassato!**
Ich hab zu viel Kohle ausgegeben! (Wörtl.: Die haben mich zur Ader gelassen.)

**In quel negozio sono cari ammazzati!**
Der Laden ist mega-teuer!

## Für Insider

In vielen süditalienischen Dörfchen gibt es außer den typischen kleinen Märkten oft noch Straßenhändler, die mit voll beladenen Lastwägen durch die Gegend fahren. Handelt es sich um Bauern, dann bieten sie Obst und Gemüse an, sind es Fischer, dann natürlich Fisch.
Oder aber es sind einfache Händler, die alles Mögliche aufgeladen haben. Wie man sie erkennt? Ganz easy: Man hört sie schon von weitem per Lautsprecher ihre Angebote des Tages anpreisen!

# FACTS

In Italien findet man immer häufiger Klamotten mit amerikanischen Größen (S, M, L, ...), die sich aber von den deutschen unterscheiden! Daneben bestehen natürlich weiterhin die klassischen Größen, die den deutschen leider überhaupt nicht entsprechen. Wenn du in Italien ein Shirt in Größe 38 anprobierst und es überall zwickt, dann liegt das nicht daran, dass du ein paar Pfunde zugelegt hast: Um auf die italienische Größe zu kommen, musst du zur deutschen Größe 6 dazurechnen.

| **Italien** | **Deutschland** |
|---|---|
| XS | XXS |
| S | XS |
| M | S |
| L | M |
| XL | L |
| XXL | XL |

**Für Sie:**

| **Italien** | **Deutschland** |
|---|---|
| 38 | 32 |
| 40 | 34 |
| 42 | 36 |
| 44 | 38 |
| 46 | 40 |
| 48 | 42 |
| 50 | 44 |
| 52 | 46 |

**Für Ihn:**

| **Italien** | **Deutschland** |
|---|---|
| 48 | 42 |
| 50 | 44 |
| 52 | 46 |
| 54 | 48 |
| 56 | 50 |
| 58 | 52 |
| 60 | 54 |
| 62 | 56 |

Jeans und andere ausländische, vor allem US-amerikanische, Markenhosen tragen in Italien die internationale Größenangabe. Eine Levi's hat auch in Italien z. B. Größe 28, was in italienischer Landesgröße einer 42 entspricht.

## Für Insider

Wenn du dein Urlaubsziel danach aussuchen willst, wo du am besten shoppen kannst, dann kommt es ganz darauf an, wonach du suchst. Die coolsten Klamotten gibt es in Mailand und Florenz. Für schöne Schuhe solltest du in die Marken fahren, eine wenig bekannte Region an der Adria. Wenn du eher an was Essbarem interessiert bist, dann bist du in Bologna und in der Emilia Romagna gut aufgehoben: Hier findest du leckerste Pasta in allen Variationen! Für die original italienische Pizza oder den berühmten Büffel-Mozzarella musst du in die Gegend von Neapel fahren. Schokoladenfan? Dann lohnt sich ein Abstecher nach Turin oder nach Perugia, wo die berühmten Baci Perugina hergestellt werden.
Und wo gibt's den besten Wein? Schwer zu sagen ... Besonders bekannt sind der Chianti und der Sangiovese aus der Toskana und der Emilia Romagna. In Asti gibt's den beliebten Asti Spumante und Venetien ist die Heimat des Prosecco und des italienischen Tresterschnapses Grappa.

# 7 MODE

*Zieh dir dieses stylische Kapitel rein, um mit den modebewussten Italienern mithalten zu können! Unterhalte dich auf Italienisch über ...*

- *die freshesten Modetrends*
- *die Klamotten in deinem Schrank*
- *cooles Make-up und Wellness-Trends*
- *deine Traumfrisur*
- *Schönheits-OPs, Piercings und Tattoos*

# Die richtigen Klamotten

*Du willst richtig geil aussehen? Ein hübsches Gesicht und eine gute Figur reichen nicht aus, um wirklich stylisch zu sein!*

| | |
|---|---|
| **Questi pantaloni ...** | Diese Hose ist ... |
| **sono fighi.** | geil. |
| **sono un tot fighi.** NORDITALIEN | mega-geil. |
| **sono una figata.** | endgeil. |
| **sono troppo belli.** | superschön. |
| **sono all'ultimo grido.** | jetzt voll in. |
| **sono alla moda.** | jetzt voll angesagt. |
| **sono in/out.** | in/out. |
| **sono passati di moda.** | absolut von gestern. |
| **sono da zia.** | mega-out. |
| **fanno schifo.** | endhässlich. |

| | |
|---|---|
| **Quella gonna ...** | Dieser Rock ... |
| **ti sta da Dio!** | steht dir super! |
| **sembra fatta apposta per te.** | ist wie für dich gemacht. |
| **sembra fatta su misura per te.** | sitzt wie angegossen. |
| **ti sta troppo bene.** | sieht endgeil aus an dir. |
| **t'ingrassa.** | macht dich dick. |
| **ti fa più magra.** | macht dich schlank. |

| | |
|---|---|
| **Francesca ...** | Francesca ... |
| **è troppo alla moda!** | ist total stylisch. |
| **si veste figa!** | ist immer supergut angezogen. |
| **si veste troppo bene!** | ist immer gut angezogen. |
| **si veste un po' da fighetta!** | trägt tussige Klamotten. |
| **si veste troppo da sfigata!** | hat keinen Geschmack. |
| **si veste un po' da zia!** | ist total altmodisch angezogen. |

# Im Kleiderschrank

*So kannst du deinen Kleiderschrank auf Italienisch vorführen:*

una giacca
Jackett
gli occhiali
Brille
un cappellino
Baseball-Cap
un jeans
Jeans
una camicia
Shirt
uno zaino
Rucksack
le mutande
Slip
un maglione
Pulli
le ciabatte
Schlappen

## Totale Abturner

*Er oder sie hat null Ahnung von Mode?*

| | |
|---|---|
| **Alessandro ...** | Alessandro ... |
| **si veste troppo male!** | ist so unstylisch! |
| **è completamente fuori moda!** | ist mega-out! |
| **si veste da barbone!** ♂ | läuft 'rum wie ein Penner! |

## Vor dem Spiegel

*Ein paar Schminktipps gefällig? Hier findest du die richtigen Worte:*

| | |
|---|---|
| **Mi passi ...?** | Gibst du mir mal ...? |
| **il fondotinta** | das Make-up |
| **la terra** | das Puder-Make-up |
| **il fard** | das Rouge |
| **la cipria** | den Puder |
| **l'eyeliner** | den Eyeliner |
| **la matita per gli occhi** | den Kajalstift |
| **il correttore** | den Abdeckstift |
| **l'ombretto** | den Lidschatten |
| **il rossetto** | den Lippenstift |
| **il lucidalabbra** | das Lipgloss |
| **il burro di cacao** | den Lippenpflegestift |
| **il mascara/rimmel** | die Wimperntusche |

| | |
|---|---|
| **Mi servirebbe ...** | Ich brauche ... |
| **un pennello per il fard.** | einen Rougepinsel. |
| **una spugnetta per il fondotinta.** | ein Make-up-Schwämmchen. |
| **una pinzetta.** | eine Pinzette. |

# Lass dich verwöhnen

*So gönnst du dir ein endgeiles Wellnessprogramm ... in Italien!*

| | |
|---|---|
| **Vorrei ...** | Ich hätte gern ... |
| **un massaggio facciale.** | eine Gesichtsmassage. |
| **una ceretta completa.** | eine Haarentfernung am gesamten Bein. |
| **una ceretta nella zona bikini.** | eine Haarentfernung in der Bikinizone. |
| **una pulizia del viso.** | eine Gesichtsreinigung. |
| **un massaggio anticellulite.** | eine Anti-Cellulite-Massage. |
| **un massaggio rilassante.** | eine Entspannungsmassage. |
| **farmi le unghie.** | eine Maniküre. |
| **un pedicure.** | eine Pediküre. |
| **farmi le sopracciglia.** | eine Augenbrauenkorrektur. |
| **fare una lampada.** | Ich würde gern ins Solarium. |

## Für Insider

Junge Italienerinnen gehen gerne und oft zur Kosmetikerin, um was für ihre Schönheit zu tun oder sich massieren zu lassen. Der wichtigste Termin im Jahr ist der vor dem Sommer, wenn sie sich mit Heißwachs die Haare an den Beinen entfernen lassen. Seit neuestem sind Wochenenden auf Beauty-Farms oder in Thermenhotels auch mega-trendy.

# Lass nicht zu viele Haare!

*Wie willst du sie? Getönt oder nur Strähnchen? Gelockt oder glatt? So kannst du mit dem Friseur Klartext reden ...*

**Hai un parrucchiere di fiducia da consigliarmi?**
Kannst du mir einen guten (Damen-)Friseur empfehlen?

**Vorrei farmi una tinta.**
Ich möchte meine Haare färben.

**Vorrei farmi un riflesso.**
Ich möchte meine Haare tönen.

**Vorrei farmi le mèches.**
Ich hätte gern ein paar Strähnchen.

**Vorrei tagliarmi i capelli.**
Ich möchte mir die Haare schneiden lassen.

**Me li stiri con la piastra?**
Bügeln Sie sie mir bitte mit dem Glätteisen?

**Mi fai un taglio scalato?**
Ich hätte gern einen Stufenschnitt.

**Vorrei solo tagliarli di qualche centimetro!**
Ich möchte sie nur ein paar Zentimeter kürzer!

**Vorrei solo togliere le doppie punte!**
Ich möchte nur die Spitzen schneiden lassen.

**Vorrei farmi una messa in piega!**
Ich möchte mir die Haare nur waschen und föhnen lassen.

**Sai dov'è un barbiere?**
Kennst du einen (Herren-)Friseur?

**Li vorrei rasati.**
Ich möchte sie komplett abrasieren!

| | |
|---|---|
| **Mi piace quel ragazzo ...** | Mir gefällt der Typ mit ... |
| **con i capelli ricci.** | den Locken. |
| **rasato.** | der Glatze. |
| **biondo.** | den blonden Haaren. |
| **moro.** | den dunklen Haaren. |
| **con i capelli castani.** | den braunen Haaren. |
| **con i capelli rossi.** | den roten Haaren. |

## Für Insider

Italiener sind so verrückt nach den neuesten Trends, dass sie alles daran setzen, immer up-to-date zu sein. Vor allem an der Frisur wird deutlich, welchem Stil ein Italiener folgt: Besonders trendy ist es momentan, wenn Jungs ihre Haare mit Gel behandeln und vorne etwas aufrichten und wenn Mädels mehrfarbige Strähnchen haben. Wer den natürlichen Look bevorzugt und keine Hilfsmittelchen benutzt, gilt als sachlich und vernünftig. Und dann gibt es noch die wenigen, die Dreadlocks, krasse Frisuren oder schrille Farben tragen; sie bekennen sich damit zwar mutig zum Hippietum oder zum Punk, ecken aber oft an und werden nicht besonders ernst genommen.

## Im Bad

*Italiener sind sehr gepflegt und legen großen Wert auf Hygiene! Hier findest du die wichtigsten Toilettenartikel auf einen Blick:*

| | |
|---|---|
| **Dove posso trovare ...?** | Wo finde ich ...? |
| **un rasoio** | einen Rasierapparat |
| **della crema da barba** | Rasiercreme |
| **del dopobarba** | Aftershave |
| **del gel** | Haargel |
| **del profumo** | Parfum |

| | |
|---|---|
| **Hai ...?** | Hast du ... für mich? |
| **una pastiglia per i dolori mestruali** | eine Tablette gegen Regelschmerzen |
| **un assorbente** | eine Binde |
| **un tampone** | einen Tampon |
| **un po' di crema per le mani** | etwas Handcreme |
| **del profumo** | etwas Parfum |

## Unterm Messer

*Die richtigen Klamotten und eine trendy Frisur sind nicht alles – Mode hat für manche auch mit einem perfekten Körper zu tun.*

**È completamente rifatta!**
An der ist nichts echt!

| | |
|---|---|
| **Si è rifatta ...** | Sie hat sich ... machen/korrigieren lassen. |
| **il seno.** | den Busen |
| **il naso.** | die Nase |
| **il doppiomento.** | das Doppelkinn |
| **il fondoschiena.** | den Po |

**Si è fatta un lifting al viso.**
Sie hat sich ein Facelifting machen lassen.

| | |
|---|---|
| **Si è siliconata ...** | Sie hat sich ... mit Silikon vergrößern lassen. |
| **le tette.** | die Titten |
| **le labbra.** | die Lippen |
| **le chiappe.** | die Pobacken |

| | |
|---|---|
| **Si è fatta ...** | Sie hat sich ... lassen. |
| **le unghie finte.** | falsche Fingernägel machen |
| **la liposuzione ai glutei.** | am Po Fett absaugen |

| | |
|---|---|
| **Si è fatta ...** | Sie hat sich ... lassen. |
| **la liposuzione alle cosce.** | an den Oberschenkeln Fett absaugen |
| **il make-up permanente.** | ein Permanent-Make-up machen |

| | |
|---|---|
| **Ha il piercing ...** | Er/Sie hat ein ...Piercing. |
| **all'ombelico.** | Bauchnabel- |
| **al sopracciglio.** | Augenbrauen- |
| **sul capezzolo.** | Brustwarzen- |
| **al naso.** | Nasen- |
| **sul mento.** | Kinn- |
| **laggiù dove non batte il sole.** | Intim- |
| **„lì".** | Intim- (wörtl.: da unten) |

**È tatuato!**
Er ist tätowiert!

**Ha un tatuaggio troppo figo!**
Er hat ein endgeiles Tattoo!

## Für Insider

Achtung! Italien ist noch immer ein sehr konservatives Land. Auch wenn Piercings und Tattoos vor allem in den norditalienischen Großstädten immer häufiger zu sehen sind, werden die Träger dieses neumodischen Schmucks immer noch schief angeschaut. Schönheits-OPs gibt's natürlich auch in Italien, aber es wird nicht gerne darüber geredet. Und wenn, dann nur, um über die zu lästern, die sich einem solchen Eingriff unterziehen. Wenn also irgendwas an dir nicht echt sein sollte, dann schweig lieber darüber ...

# 8 KÖRPER

*Die nackte Wahrheit über Körperteile und -funktionen*

- *Wow! Perfekte ... und nicht ganz so schöne Bodys*
- *Igitt! Garantiert ekliges Vokabular von Rülpsen bis Furzen*

# Der perfekte Body?

*Hier findest du die richtigen Worte, um dich über die Figur anderer auszulassen ...*

| | |
|---|---|
| **Anna ha ...** | Anna hat ... |
| **un gran fisico.** | einen geilen Körper. |
| **un fisico della Madonna.** | einen endgeilen Body. |
| **un gran telaio/una bella carrozzeria.** | ein geiles Fahrgestell. |
| **un fisico mozzafiato.** | einen endscharfen Body. |
| **un corpo da far girar la testa.** | eine superheiße Figur. |
| **un fisichino/fisichetto niente male.** | eine süße Figur. |
| **due gran tette/poppe.** | große/dicke Titten. |
| **due bocce/zinne favolose.** | endgeile Möpse. |
| **un culo bello sodo.** | einen knackigen Arsch. |
| **due gambe da favola.** | geile Beine. |

| | |
|---|---|
| **Fabio ha ...** | Fabio hat ... |
| **un fondoschiena niente male.** | einen süßen Hintern. |
| **un gran fisico.** | einen attraktiven Body. |
| **dei gran muscoli.** | tolle Muskeln. |
| **un fisico da bronzo di riace.** | eine perfekte Figur. |
| **la tartaruga.** | einen Waschbrettbauch. |
| **un fisico da palestrato.** | einen durchtrainierten Body. |
| **la panza da birra.** | einen Bierbauch. |
| **una gran trippa.** | einen dicken Bauch. |
| **dei gran rotoli.** | Rettungsringe. |

**FACTS**

Die klassischen Rettungsringe, „i rotolini", nennt man im Italienischen auch liebevoll „maniglie dell'amore" (wörtl.: Liebesgriffe). Gemeint sind damit kleine süße Speckröllchen, an denen man oder frau sich bei der Liebe sanft festhalten kann ...

**Giovanna è fatta a pera.**
Giovanna hat einen breiten Hintern. (wörtl.: ist birnenförmig)

**Anna è praticamente quadrata.**
Anna hat null Rundungen.

**Serena è una tavola da surf.**
Serena ist flach wie ein Brett.

**Stefania è una botte.**
Stefania ist 'ne Tonne.

**Marco è un ciccione!**
Marco ist ein Fettsack.

**Franco è un ammasso di ciccia.**
Franco ist ein echter Fettsack.

| | |
|---|---|
| **Luisa è ...** | Luisa ist ... |
| **cicciottella/rotondetta.** | rundlich. |
| **grossa.** | korpulent. |
| **ben piazzata/robusta.** | gut beieinander/etwas fester. |
| **in carne.** | füllig. |

# Körperteile

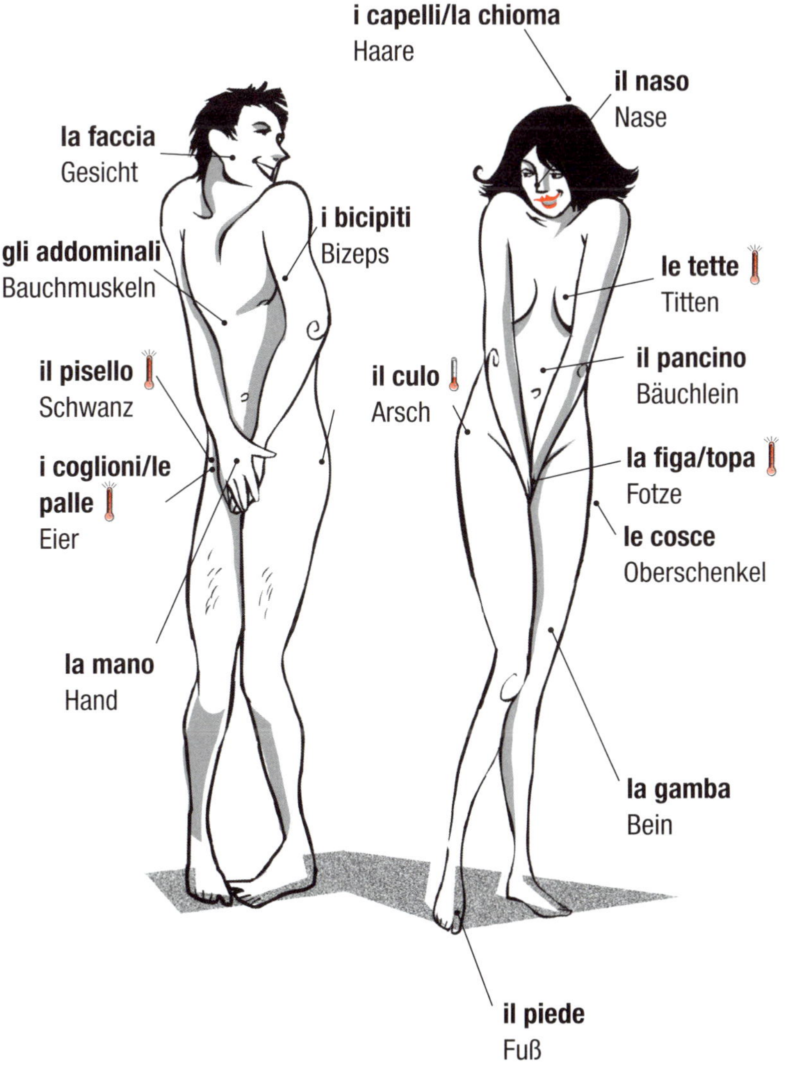

## Unzensiert

*Hier findest du die Körperteile, über die du wirklich sprechen willst. Aber Vorsicht, diese Vokabeln sind absolut heiß!*

*Die Herrenabteilung ...*

| | |
|---|---|
| **il pisello/l'uccello/il cazzo** | Schwanz |
| **i coglioni/le palle** | Eier, Sack |
| **il prepuzio** | Vorhaut |

*Die Damenabteilung ...*

| | |
|---|---|
| **le zinne/poppe/tette/bocce** | Titten |
| **il capezzolo** | Brustwarze |
| **la figa/topa** | Fotze, Muschi |
| **la clitoride** | Klitoris |

*Unisex ...*

| | |
|---|---|
| **il culo/di dietro** | Arsch |
| **l'ano** | After |
| **i peli del pube** | Schamhaare |

## Ecken und Kanten

*Niemand ist perfekt ...*

**Mi è spuntato un brufolo sul naso!**
Ich hab 'nen Pickel auf der Nase!

**Sono pieno/a di brufoli!**
Ich bin voller Pickel!

**Ho dei gran calli!**
Ich hab überall Hornhaut!

**Sono pieno/a di punti neri!**
Ich bin voller Mitesser!

**Mi puzzano le ascelle.**
Ich müffle unter den Achseln.

**Mi puzzano i piedi.**
Ich hab Stinkfüße.

**Ho dei peli che sembro un orso!**
Ich muss mir unbedingt die Beine rasieren! (Wörtl.: Ich hab so viele Haare, dass ich aussehe wie ein Bär!)

## Körperfunktionen

*Jeder muss mal ...*

**Vado alla toilette.**
Ich muss mal auf die Toilette.
*Sehr fein ausgedrückt ...*

**Vado in bagno.**
Ich muss mal kurz ins Bad/auf die Toilette.
*Jeder weiß, wozu.*

**Vado a fare la pipì/popò.**
Ich muss mal pinkeln/groß.
*Sehr deutlich ...*

**Vado a fare la cacca.**
Ich muss mal groß/Aa machen.
*Das sagen zwar eher Kinder, aber nicht nur!*

**Vado a cagare/a fare una gran cagata!**
Ich muss mal kacken/scheißen!

**Vado in seduta.**
Ich hab jetzt 'ne längere Sitzung.
*Deutet an, dass es länger als 'ne Minute dauern wird.*

**Devo andare di corpo.**
Ich muss mal groß.

**Vado a cambiare l'acqua al merlo.** ♂
Ich muss mal schiffen.

**Vado a fare due goccie!**
Ich muss kurz pinkeln!
*Bin gleich wieder da!*

## Igitt!

*Eklige Ausdrücke für eklige Sachen.*

**Qualcuno ha fatto uno scoreggione!**
Jemand hat einen gelassen!

**Chi ha scorreggiato?**
Wer hat hier gefurzt?

**Chi ha fatto una puzzetta?**
Wer hat hier einen gelassen/gedönert?

**Ha fatto un rutto!**
Er hat gerülpst!

**Che schifo! Hai una caccola nel naso!**
Bähh! Du hast einen Popel in der Nase.

**Bleah! Hai i brustolini negli occhi!**
Igitt! Deine Augen sind verklebt./Du hast noch Schlaf in den Augen.

**Hai qualcosa in mezzo ai denti!**
Du hast da was zwischen den Zähnen!

**Hai un brufolone pieno di pus proprio sul naso!**
Du hast einen fetten Eiterpickel auf der Nase!

**Dai, non schiacciarti i brufoli!**
Hey, drück dir jetzt bitte nicht die Pickel aus!

**Ha un alito che ti stende!**
Er/Sie stinkt aus'm Mund.

**Ha l'alito pesante!**
Er/Sie hat Mundgeruch.

**Ha un gran alito da cammello!** NORDITALIEN
Er/Sie stinkt aus'm Maul. (wörtl.: wie ein Kamel)

“

*Ein bisschen Taktgefühl muss sein*

– **Hai qualcosa in mezzo ai denti!** Du hast da was zwischen den Zähnen!
– **Davvero? Che imbarazzo!** Echt? Wie peinlich ...
– **Tieni ... uno stuzzicadente!** Da, nimm den Zahnstocher.

”

# Mies drauf?

*Du fühlst dich total mies heute? So kannst du ein bisschen jammern:*

| | |
|---|---|
| **Ahiaiai, ho ...** | Aua, ich hab/bin ... |
| **la diarrea.** | Durchfall. |
| **la caghetta.** | die Scheißerei. |
| **il mal di mare.** | seekrank. |
| **il mal d'aria.** | flugkrank. |
| **il mal di stomaco.** | Magenschmerzen. |
| **dei crampi terribili.** | krasse Krämpfe. |
| **la febbre.** | Fieber. |
| **l'influenza.** | die Grippe. |
| **il raffreddore.** | Schnupfen/eine Erkältung. |
| **la tosse.** | Husten. |

**Sto di merda.**
Mir geht's beschissen.

**Sto uno schifo.**
Mir geht's scheiße.

**Ho un mal di testa atroce.**
Ich hab krasse Kopfschmerzen.

**Sto morendo dal dolore.**
Ich sterb vor Schmerzen.

*Deinem Kumpel geht's schlecht? Zeig ein bisschen Mitgefühl!*

**Non hai una gran bella cera oggi.**
Du siehst ja gar nicht gut aus heute!

**Hai un faccino così sbattuto!**
Du siehst ja fertig aus!

# TECHNIK, TECHNIK 9

*Fachsimple auf Italienisch über Computer, Internet & Co. – mit links!*

- *Computerjargon*
- *E-Mail auf Italienisch*
- *Das Wichtigste für Telefonitis-Kranke*
- *Knackige SMS-Kürzel*

# Computersprache

*Und jetzt ran an den PC!*

**Accendi il computer.**
Fahr den Rechner hoch.

**Posso connettermi con il tuo computer?**
Darf ich an deinem Rechner ins Netz?

**Posso dare un'occhiata alla mia posta elettronica?**
Kann ich mal nach meinen Mails gucken?

**Posso controllare le mie mail?**
Darf ich meine Mails kurz checken?

**Posso scaricare della roba da internet?**
Kann ich mir was runterladen?

**Sono in rete/online!**
Ich bin im Netz/online!

**Zippa/comprimi quel file!**
Zippe/Komprimiere die Datei!

**Apri il documento.**
Öffne das Dokument.

**Chiudi il documento.**
Schließ das Dokument.

**Cancellalo.**
Lösch es!

**L'hai salvato?**
Hast du's gespeichert?

**Clicca qui!**
Klick hier drauf!

# Hilfe! Mein Computer spinnt!

*Die Kiste will nicht so wie du? So kannst du dir auf Italienisch Luft machen …*

| | |
|---|---|
| **Il computer …** | |
| **si è bloccato.** | Mein Compi ist abgestürzt. |
| **non dà segni di vita.** | |
| **si è incantato.** | |
| **si è fermato.** | |
| **non risponde.** | |
| **si è impallato.** | |
| **è morto.** | |

| | |
|---|---|
| **Il file è …** | Die Datei … |
| **andato perso.** | ist weg. |
| **stato danneggiato.** | ist beschädigt. |
| **stato eliminato.** | wurde gelöscht. |
| **fottuto.** | ist total im Arsch. |

**Devo ricominciare tutto daccapo!**
Jetzt muss ich noch mal von vorne anfangen!

– **Non riesco ad aprire la mia posta!** Ich komm nicht an meine Mails ran!
– **Vuoi che ti aiuti?** Soll ich dir helfen?
– **Grazie!** Danke!

## Für Insider

Internet-Cafés sind in Italien mega-in. Gerade junge Leute, die noch zur Schule gehen, haben zu Hause oft keinen Computer. Also treffen sie sich in den Cafés und gamen allein oder im Web, checken ihre Mails oder chatten. Und das alles ganz relaxed bei einer Tasse Espresso oder einem Bierchen.

# E-Mail

*Keinen Plan, was auf diesem Screenshot steht? Keine Panik ...*

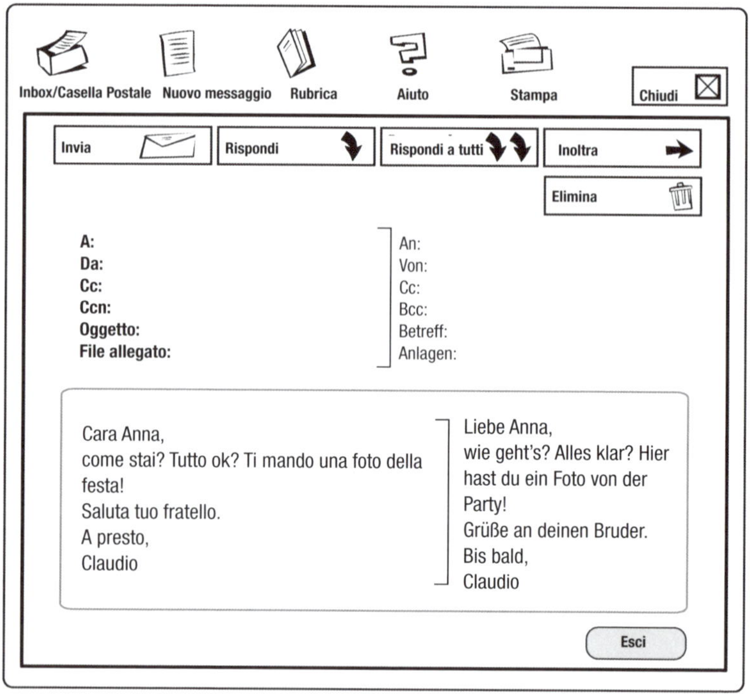


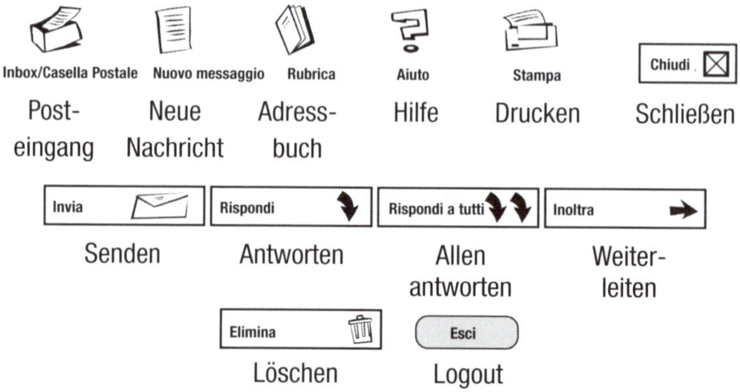

# Virtuelle Kommunikation

*Du möchtest dich mit Italienern über's Web austauschen? Kein Problem!*

**Stai navigando?**
Surfst du gerade?

**Ho trovato un sito che è una figata!**
Ich hab eine endgeile Website gefunden!

**È il mio sito preferito!**
Das ist meine Lieblingssite!

**Puoi mandarmi il link?**
Kannst du mir den Link schicken?

## Für Insider

Lust auf einen unverbindlichen Online-Flirt oder auf der Suche nach der großen Liebe? Hier die wichtigsten Sätze, die du kennen solltest:

**Sono un ragazzo/una ragazza ...**
Ich bin ein Boy/Girl ...

**in cerca di un ragazzo/una ragazza ...**
der/die einen Boy/ein Girl sucht ...

**tra i xx e xx anni ...**
der/die zwischen xx und xx ist ...

**a cui piace ...**
der/die gern (Hobbies).

**Mandami una e-mail all'indirizzo ...**
Schreib eine Mail an ...

**Mi piace un sacco chattare!**
Ich chatte total gern!

**Mi dai la tua mail?**
Gibst du mir deine Mail-Adresse?

**Hai un indirizzo e-mail?**
Hast du eine E-Mail-Adresse?

**Non guardare la mia password!**
Schau dir nicht mein Passwort an!

## Geh ran!

*Es hat geklingelt? Du willst jemanden anrufen? Alles kein Problem ...*

**Dove ho messo il mio cellulare/telefonino?**
Wo hab ich denn nur mein Handy hin?

**Pronto?**
Ja, hallo?

**Pronti!**
Ja, hallo!
*Sag das nur, wenn du weißt, wer am anderen Ende der Leitung ist, und wenn du dich wirklich freust, ihn oder sie zu hören.*

**Sì?**
Ja?

**Chi parla?**
Wer spricht da?

**Mi passi Alessandro per favore?**
Gibst du mir bitte Alessandro?

**C'è Rosa?**
Ist Rosa da?

**Posso parlare con Anna?**
Kann ich mit Anna sprechen?

**Sono io!**
Ich bin's!

**Aspetta un attimo che te la passo!**
Moment, ich geb sie dir gleich!

**Un attimo solo!**
Einen Moment noch!

**Non è in casa, la trovi più tardi!**
Sie ist nicht da! Probier's später noch mal.

**Chiamami!**
Ruf mich an!

**Fatti sentire!**
Lass was von dir hören!

**Fammi uno squillo/trillo più tardi!**
Klingel später mal durch!

**Dammi un colpo più tardi!**
Ruf mich später nochmal an!

*Keine Angst vor italienischen Anrufbeantwortern ...*

– **Ciao, lasciate un messaggio dopo il bip!** Hallo, hinterlasst mir eine Nachricht nach dem Signalton!
– **Ciao, sono Luca, mi richiami?** Hi, hier ist Luca. Rufst du mich zurück?

# Und Schluss!

*Und wenn du keinen Bock mehr auf Telefonieren hast oder aufhören musst? Sag's so:*

**Scusa ma devo andare ...**
Sorry, aber ich muss gehen.

**Devo scappare!**
Ich muss weg!

**Scusa, c'è mia madre che mi sta chiamando!**
Sorry, meine Mutter ruft nach mir!

**Ci sentiamo più tardi?**
Hören wir uns später nochmal?

**Me lo mandi un bacio prima di riattaccare?**
Krieg ich einen Kuss, bevor ich auflege?

## SMS

**Dove 6? (Dove sei?)**
Wo bist du?

**Ki 6? (Chi sei?)**
Wer bist du?

**C sent + tardi! (Ci sentiamo più tardi!)**
Wir hören uns später!

**C ved dopo! (Ci vediamo dopo!)**
Wir sehen uns nachher!

**M.bene (Molto bene)**
Sehr gut

**Abb.bene (Abbastanza bene)**
Ganz gut

**Tr.tardi (Troppo tardi)**
Zu spät

**Nn so (Non so)**
Weiß nicht

**Xké nn 6 venuto? (Perché non sei venuto?)**
Warum bist du nicht gekommen?

**TVTB (Ti Voglio Tanto Bene.)**
Ich hab dich sehr gern.

**TAT (Ti Amo Tanto.)**
Ich liebe dich sehr.

## Für Insider

Dass Italiener leidenschaftliche Handy-Besitzer und -Nutzer sind, ist sicher kein Geheimnis mehr. Ein Leben ohne Handy ist für den Durchschnitts-Italiener praktisch undenkbar! Manche klemmen es sich sogar an die Badehose, wenn sie am Strand sind ... Besonders beliebt sind natürlich SMS-Botschaften; genauso wie in Deutschland, werden sie jetzt nicht mehr nur genutzt, um kurz ein Date auszumachen, sondern auch für ausführliche Diskussionen oder für einen heißen Flirt.

# 10 KLATSCH und TRATSCH

*Lust, ein bisschen zu lästern? Gute oder schlechte News über Kumpels und die Family? Wie du ...*

- *über gute und nicht so gute Kumpels sprichst*
- *Geheimnisse an den Mann bringst*
- *jemanden so richtig beleidigst*
- *über deine Family redest*

# Dicke Freunde

*Du hast jemanden ins Herz geschlossen? So erzählst du davon:*

**È un tesoro!**
Er/Sie ist echt ein Schatz!

**Ha un cuore grande!**
Er/Sie ist total lieb!

**È proprio una brava persona!**
Er ist wirklich ein ganz Netter./Sie ist wirklich eine ganz Nette!

**È veramente forte!**
Er/Sie ist echt stark!

**È di un'altra!**
Er/Sie ist was ganz Besonderes!

**È mitico/un mito!**
Er ist was ganz Besonderes! (wörtl.: ein Mythos)

**È troppo avanti!**
Er/Sie ist total cool drauf!

**È troppo figa/o!**
Sie ist echt eine Spitzenfrau!/Er ist echt ein super Typ!

**Mi piace proprio!**
Ich mag seine/ihre Art total gern!

**È proprio un bel tipo!**
Er ist echt cool drauf!
*Achtung! Das kann man auch ironisch meinen, wenn einer was Unerwartetes und nicht unbedingt Positives getan hat. Im Deutschen entspricht das dann dem Ausdruck „Der ist vielleicht drauf!"*

# Ein ätzender Typ!

*Wenn dir jemand so richtig auf die Nerven geht ...*

**Non lo sopporto, quel figlio di papà!**
Sponsored by Daddy – ich kann diesen Typen echt nicht ab!

**Anna non mi sta per niente simpatica!**
Anna ist so was von unsympathisch!

**Non la posso vedere/soffrire/digerire!**
Ich pack sie nicht!

**Mi sta sulle scatole!**
Er/Sie geht mir total auf die Nerven!

**Mi sta sulle balle!**
Er/Sie geht mir echt auf den Sack!

**Mi sta troppo sul cazzo/sui coglioni!**
Er/Sie geht mir so dermaßen auf den Sack!

**È un povero sfigato!**
Er ist echt ein armer Loser!

**Mi urta i nervi!**
Er/Sie nervt mich total!

# Klatsch und Tratsch

*Italiener sind wahre Meister im Lästern! Wenn du mitreden willst, findest du hier ein paar unverzichtbare Ausdrücke ...*

**Ho una news fenomenale!**
Ich hab die absolute Hammer-Neuigkeit!

**Ho una notizia bomba!**
Ich hab eine Hammer-Neuigkeit!

**Sai cos'è successo ...**
Stell dir vor, was passiert ist ...

**Senti questa ...**
Hör dir das mal an ...

**Non ci crederai, ma ...**
Du wirst es nicht glauben, aber ...

**La sai l'ultima?!**
Weißt du schon das Neueste?!

## Top Secret

*Du möchtest, dass dein Geheimnis auch eines bleibt ...*

**Lo sai mantenere un segreto?**
Kannst du was für dich behalten?

**Acqua in bocca!**
Erzähl's keiner Menschenseele!

**Mi raccomando ...**
Wir verstehen uns?
*Gemeint ist damit: Du verstehst, dass das unter uns bleiben muss?!*

**Che rimanga tra noi ...**
Das muss unter uns bleiben!

**Che rimanga tra queste quattro mura ...**
Das ist nicht für andere Ohren bestimmt!

**Muto come un pesce!**
Behalt's für dich!

**Portatelo nella tomba!**
Kein Wort zu niemandem – solange du lebst! (Wörtl.: Nimm es mit ins Grab!)

# Ablästern!

*Jemand nervt dich total an? Gib's ihm mit diesen Sprüchen:*

| | |
|---|---|
| **Annalisa è ...** | Annalisa ist ... |
| **una che non vale niente.** | eine fiese Kuh. |
| **una gran sfigata.** | total uncool. |
| **una gran pettegola.** | ein Lästermaul. |
| **la principessa sul pisello.** | ein verzogenes Gör. |
| **una contadinazza.** | ein Bauerntrampel. |
| **uno scaricatore di porto.** | total vulgär. |

| | |
|---|---|
| **È ...** | Er/Sie ist ... |
| **malizioso/a.** | gemein. |
| **cattivo/a.** | fies. |
| **dispettoso/a.** | unverschämt. |
| **perfido/a.** | hinterlistig. |
| **stronzo/a.** | eine blöde Sau. |

| | |
|---|---|
| **Ivan è ...** | Ivan ist ... |
| **un gran imbecille.** | ein Vollidiot. |
| **un chiacchierone/raccontafrottole.** | ein Großmaul. |
| **un fannullone.** | ein Nichtsnutz. |
| **uno stupido.** | ein Trottel. |
| **un idiota.** | ein Idiot. |
| **un cazzone.** | ein egoistischer Arsch. |
| **un cazzaro.** | ein Großmaul. |
| **un povero rincretinito/rimbecillito.** | ein armer Vollidiot. |

## Wut im Bauch

*Stinksauer? So kannst du dich austoben ...*

**Non la reggo!**
Ich kann sie nicht ausstehen!

**Non la sopporto!**
Ich kann sie nicht ab!

**La ucciderei!**
Ich könnte sie umbringen!

**Mi fa una rabbia ...**
Er/Sie bringt mich zur Weißglut!

**Sto per scoppiare dalla rabbia!**
Ich platz gleich vor Wut!

**Ho un incazzo addosso che l'ammazzerei!**
Ich könnte ihn/sie umbringen vor Wut!

## Halt's Maul!

*Dir reicht's? Dann sag's!*

**Taci!**
Halt's Maul!

**Ma stà zitto/a che è meglio!**
Es ist besser, wenn du jetzt dein Maul hältst!

**Non prendermi in giro!**
Veräppel mich nicht!

**Non prendermi per il culo!**
Verarsch mich nicht!

## Unzensiert

**Smettila di dire ...**

| | |
|---|---|
| **cavolate.** | Hör auf, Scheiße zu erzählen! |
| **baggianate.** | |
| **cazzate.** | |
| **stronzate.** | |

## Komm runter

*Dein Freund ist gerade tierisch genervt und du möchtest ihm helfen? Versuch's mal hiermit:*

**Stai calmo!**
Beruhig dich!

**Calmati! Non vale la pena!**
Jetzt komm mal runter. Er/Sie ist es echt nicht wert.

**Non farci caso!/Lascialo perdere!/Non dargli retta!**
Vergiss ihn einfach!

**Non badarci!/Fregatene!**
Scheiß doch drauf!

## Unzensiert

*Verschwinde!*
*Wenn du jemanden loswerden willst, dann bediene dich aus der folgenden Liste. Zu höflich bist du damit sicher nicht!*

| | |
|---|---|
| **Vai all'inferno!** | Fahr zur Hölle! |
| **Vai a quel paese!** | Hau ab! |
| **Vai a fare delle cose!** | Verpiss dich! |
| **Vai a cagare!** | Verpiss dich! |
| **Vai a farti fottere!** | Fick dich ins Knie! |
| **Vaffanculo!** | Leck mich! |
| **Vai a fare delle pugnette!** NORDITALIEN | Fick dich doch! |
| **Sparisci!** | Verschwinde! |

*Du möchtest jemanden so richtig anpissen? Bitte ...*

**Sei una testa di cazzo!**
Du Scheißkerl/Arschloch!

*Und das entgegnest du, wenn man dich blöd anmacht:*

**Tua madre!**
Deine Mutter!
*Gemeint ist: Fick doch deine Mutter!*

**Figlio di buona donna!**
Hurensohn!

**Figlio di puttana!**
Hurensohn!

**Non me ne frega un cazzo/una sega!**
Das geht mir total am Arsch vorbei!

# Die liebe Family

*Die Familie hat in Italien noch immer einen sehr großen Stellenwert. So redest du über deine Eltern:*

| | |
|---|---|
| **Ci tengo molto ...** | ... ist/sind mir sehr wichtig. |
| **ai miei.** | Meine Eltern |
| **ai miei vecchi.** | Meine Alten |
| **alla mia vecchia.** | Meine Alte |
| **alla mia mammina.** | Meine Mama |
| **alla mia mammona.** | Meine Mama |
| **alla mia mami.** | Meine Mami |
| **al mio vecchio.** | Mein Alter |
| **al mio papi.** | Mein Papi |
| **al mio babbo.** | Mein Papa |
| **al mio papà.** | Mein Papa |

**FACTS** Die meisten Italiener haben ein sehr enges Verhältnis zu ihrer Familie, insbesondere zu ihren Eltern und Geschwistern. Deswegen bleiben viele auch so lange es geht in ihrem Elternhaus, oft bis sie über 30 sind! Jungs warten mit dem Ausziehen, bis sie eine Frau finden, die sie so umsorgt, wie Mama es immer getan hat. Und Mädels warten auf den Mann, den sie so umsorgen können, wie es Mama immer mit Papa gemacht hat.

# ESSEN 11

*Essen ist eine der Lieblingsbeschäftigungen der Italiener ... hier findest du das richtige Vokabular dazu.*

- *Mordshunger und Scheißdurst*
- *Igitt und lecker!*
- *Schlechte Essmanieren*

# Hunger?

*Hier ein paar coole italienische Begriffe, die alle dasselbe bedeuten: richtig viel essen!*

**Ad Antonio piace molto ...**

| | |
|---|---|
| **magnare.**<br>**taffiare.**<br>**pappare.**<br>**sbocconcellare.**<br>**ingozzarsi.** | Antonio liebt es richtig reinzuhauen. |

**Ho una fame da lupi!**
Ich hab 'nen Mordshunger! (wörtl.: einen Wolfshunger)

**Se non mangio, svengo!**
Wenn ich jetzt nichts esse, kipp ich um!

**Ho una fame che mangerei un bue!**
Ich hab so Hunger, ich könnte ein ganzes Schwein essen! (wörtl.: einen Ochsen)

**Cosa (non) darei per un gelato!**
Ich würd alles geben für ein Eis!

**Sto morendo di sete!**
Ich sterb vor Durst!

**Sono disidratato!**
Ich bin total ausgetrocknet!

## Für Insider

Fast Food gehört inzwischen zur italienischen Esskultur, allerdings gibt es neben McDonald's & Co. auch italienische Formen: Verkaufsstände, die Pizza am Stück, belegte Piadine, Gnocco fritto (eine Art öliges Fladenbrot) und andere typische Köstlichkeiten anbieten. Ein gemütliches Abendessen mit Freunden in der Pizzeria kann das Fast Food zum Glück noch nicht ersetzen.

# Superlecker oder total eklig?

*Wenn's schmeckt, dann ...*

| | |
|---|---|
| **Mmh! Che buono!** | Mmh, lecker! |
| **È delizioso!**<br>**È squisito!**<br>**È buonissimo!**<br>**È una prelibatezza!**<br>**È di un'altra!** | Superlecker! |

*Und wenn nicht, dann ...*

| | |
|---|---|
| **Che schifo!** 🌡 | Wie eklig! |
| **Ha un saporaccio ...** | Ein komischer Geschmack ... |
| **Che svango!** 🌡 NORDITALIEN | Wie eklig! |
| **Fa vomitare!** 🌡 | Das ist zum Kotzen! |
| **Che merda!** 🌡 | So eine eklige Scheiße! |

## Für Insider

Italiener gehen wahnsinnig gerne in Bars, die aber nicht mit unseren deutschen Bars zu vergleichen sind: In Italien ist es sehr beliebt, sich morgens zum Frühstück oder abends vor oder nach dem Essen in der Bar zu treffen. Hier tauscht man sich über den Tag aus oder entscheidet gemeinsam, wie der Abend weitergehen soll. Zum Aperitif (ein Glas Campari, Martini, Mojito, Caipi oder Wein) gibt es meistens kostenlos kleine Knabbereien: Erdnüsse, Pistazien, Chips oder Oliven. Manche Bars haben sogar eine kleine Auswahl an Pasta oder belegten Panini.

# Zu viel gegessen

*Du kannst einfach nicht mehr?*

**Madonna, che mangiata!**
Mann, hab ich reingehauen!

**Madonna, che abbuffata!**
Mann, was für 'ne Fressorgie!

**Ho mangiato come un bue!**
Ich hab reingehauen wie die Sau! (wörtl.: wie ein Ochse)

**Ho mangiato da fare schifo!**
Ich hab so viel gegessen, dass es schon eklig ist!

**Sono pieno/a come un uovo!**
Ich bin total voll! (wörtl.: voll wie ein Ei)

*Und danach?*

| | |
|---|---|
| **Mi viene da ...** | Ich muss ... |
| **rimettere.** | mich übergeben. |
| **vomitare.** | brechen. |
| **stracciare.** NORDITALIEN | kotzen. |
| **dare di stomaco.** | mich übergeben. |

# Schlechte Angewohnheiten

*Du findest es total widerlich, wie deine Kumpels mit ihrem Essen umgehen? Ganz gesund kann das ja nicht sein ...*

**Michele mangia come un maiale.**
Michele frisst wie ein Schwein.

**S'ingozza da fare schifo!**
Er/Sie haut rein wie die Sau!

**Butta giù tutto quello che trova.**
Er/Sie frisst alles, was er/sie findet!

**È una fogna!**
Er/Sie ist ein Fresssack!

**È un ingordo.**
Er frisst wie ein Scheunendrescher!

**Anna mangia come un uccellino/passerotto.**
Anna isst wie ein Spatz.

# 12 NACHTLEBEN

*Lust, mal wieder einen draufzumachen? So geht's in Italien:*

- *Abfeiern und Abtanzen*
- *Coole Drinks und ihre Folgen*
- *Brandheiße Rauchersprache*
- *Vorsicht Bullen!*

# Auf zum Abfeiern!

*Italienische Teenies sind ganz verrückt auf's Tanzen! Die meisten sind jedes Wochenende auf der Piste, andere hocken lieber in einer gemütlichen Kneipe und haben Fun mit ihren Kumpels. Wozu auch immer du Lust hast, sag's so:*

| | |
|---|---|
| **Andiamo a ...?** | Lass uns ... gehen. |
| **fare due/quattro chiacchiere** | irgendwohin zum Ratschen |
| **prendere l'aperitivo** | vorm Essen was trinken |
| **ballare** | tanzen |
| **fare quattro salti** | abtanzen |
| **bere qualcosa** | was trinken |

| | |
|---|---|
| **Conosci ...?** | Kennst du ...? |
| **un bar carino** | eine nette Bar |
| **un posticino carino da consigliarmi** | ein romantisches Plätzchen, das du mir empfehlen kannst |
| **un bel disco pub** | eine coole Tanzlocation |
| **un bel baretto** | eine nette Bar |
| **qualche locale X** | eine gute In-Location |

– **Ti va di uscire stasera?** Hast du Lust, heute Abend wegzugehen?
– **Mh, dove mi porti? Hai qualche dritta per un localino carino?** Kommt darauf an, wohin. Hast du eine besondere Location im Kopf?
– **Certo!** Na klar!

# Hoch die Tassen!

*Gib dir mit diesen Ausdrücken die Kante:*

| | |
|---|---|
| **Stasera ho voglia di ...** | Heut Abend will ich .... |
| **trincare.** | saufen. |
| **bere.** | trinken. |
| **inciuccarmi.** | mich besaufen. |
| **sballarmi.** | mir die Kante geben. |
| **andare fuori.** | mir die Kante geben. |
| **alcolizzarmi.** | mich zusaufen. |

| | |
|---|---|
| **Andiamo a ...?** | Gehen wir ...? |
| **farci l'ammazzacaffè** NORDITALIEN | nach dem Essen noch was trinken* |
| **farci un bicchiere** | was trinken |
| **bere un goccio** | was trinken |
| **farci una birra** | auf ein Bier |
| **scolarci una boccia di vino** | ein Glas Wein trinken |
| **a farci un cicchettino/bicchierino** | einen Schnaps trinken |

*Vergiss nicht, mit deinem Gegenüber anzustoßen!*

| | |
|---|---|
| **Cin cin!** | Prost! |
| **Salute!** | Zum Wohl! |
| **Alla nostra/tua/vostra!** | Auf unser/dein/euer Wohl! |
| **Alla goccia!** | Auf ex! |

* *In Italien trinkt man nach dem Essen oft einen Espresso und einen Schnaps zur Verdauung.*

## FACTS

Italienische Teenies fangen früh an abends auszugehen. Schon mit 12 oder 13 treffen sie sich abends oder am Wochenende mit Freunden auf der Piazza – und das behalten sie bei, bis sie 18 sind. Wenn sie dank Roller oder Auto mobiler werden, suchen sie sich interessantere Ziele und fahren gemeinsam zum Pizzaessen, auf ein Bierchen in die Kneipe oder zum Abtanzen in die Disco. Alkohol darf man in Italien ab 16 trinken, in die Disco kommt man offiziell erst ab 18, in ausgewählte Locations schon ab 16. Allerdings sind Italiener, was das angeht, sehr tolerant.

## Hackedicht

*Wenn's jemanden so richtig erwischt hat!*

**Francesco ...**

| | |
|---|---|
| **è ubriaco duro/fradicio.** | Francesco ist total hacke/dicht. |
| **è bresco.** | |
| **si è preso una gran ciucca.** | |
| **è fuori come un balcone.** | |
| **è fuori come un culo.** | |
| **è ciucco.** | |

## Für Insider

Was in italienischen Kneipen so getrunken wird? Ganz klassisch natürlich Wein. Der Abend beginnt oft in einer kleinen Bar bei einem Aperitif (zum Beispiel mit Campari oder Martini), geht weiter in einer gemütlichen Trattoria, wo zum Essen literweise Wein fließt, und endet schließlich in der Disco bei starken alkoholischen, meist fruchtigen Cocktails. In den coolsten Clubs der Stadt reserviert man normalerweise vorher 'nen Tisch – und wer sich's leisten kann, bestellt dort eine Flasche echten Schampus!

# Zu viel gesoffen

*Du hast einen zu viel gekippt? Dein Gegenüber ist total dicht? Dann nützen dir folgende Sätze:*

**Maria beve come una spugna.**
Maria säuft wie ein Loch. (wörtl.: wie ein Schwamm)

**Ho bevuto un casino.**
Ich hab ’ne Menge getrunken.

**Ho bevuto da fare schifo!**
Ich hab so viel gesoffen, dass es schon eklig ist!

**Guarda che si sta inciuccando!**
Der/Die säuft sich gerade zu!!

*Der Morgen danach ...*

**Ho ...**
**una gran cassa.**
**un palegra.**
**un post-sbornia allucinante.**
**un gran cerchio alla testa.**

Ich hab einen Mega-Kater.

“ – **Guarda un po’! Elena è già fuori!** Schau mal, Elena ist schon total blau!
– **Come? Di già?** Was? Jetzt schon? ”

# Schall und Rauch

*Ob du dir 'ne Kippe schnorren oder über Raucher ablästern willst – hier findest du die richtigen Worte.*

| | |
|---|---|
| **Hai ...?** | Hast du ...? |
| **una sigaretta** | eine Zigarette |
| **una siga** | eine Ziggi |
| **una paglia** | eine Kippe |
| **da fumare** | eine Kippe (wörtl.: was zu rauchen) |

**Ti scoccia/dispiace/dà fastidio se fumo?**
Stört's dich, wenn ich rauche?

**Sta fumando come un turco!**
Er/Sie raucht wie ein Schlot! (wörtl.: wie ein Türke)

**Anna fuma come un'ossessa!**
Anna raucht wie ein Schlot! (wörtl.: wie eine Besessene)

**Te ne stai accendendo una dopo l'altra!**
Du zündest dir eine nach der anderen an!

**Mi fai dare due tiri?**
Darf ich mal ziehen?

**Mi fai fare due cucci?** NORDITALIEN
Darf ich mal ziehen?

**Smettila di fumare!**
Hör das Rauchen auf!

# Tiefenrausch

*Keine Macht den Drogen ... aber man sollte schon mal davon gehört haben!*

**Si è fatto/a ...**

**una canna.**
**una tromba.**
**uno spino.**
**una penna.** ROM
**un joint.**

Er/Sie hat 'nen Joint geraucht.

**È ...**

**fumato/a.**
**incannato/a duro.**
**in bomba.**
**fatto/a duro.**
**sotto acido.**
**fuori.**
**fuori come un culo**  **/**
**fuori come un balcone.**
**andato/a.**

Er/Sie ist total auf Drogen.

**Che viaggio!/È un gran viaggio!**
Was für ein endgeiler Trip!

**Non prendo droghe!**
Ich nehm keine Drogen.

# Blöd gelaufen!

*Nützliches Vokabular, dass du hoffentlich nie brauchen wirst ...*

| | |
|---|---|
| **Mi sono beccato/a una multa ...** | Ich hab 'nen Strafzettel bekommen, weil ich... |
| **per eccesso di velocità.** | zu schnell gefahren bin. |
| **per esser passato/a con il rosso.** | bei Rot über die Ampel gefahren bin. |
| **per non aver rispettato lo stop.** | ein Stoppschild überfahren hab. |
| **per non aver dato la precedenza.** | die Vorfahrt nicht beachtet hab. |

*Reue zeigen ...*

**Mi dispiace, non ho visto il segnale!**
Entschuldigung, ich hab das Schild übersehen!

# Grüne Männchen

*Die Bullen sind in der Nähe? So kannst du davor warnen:*

**Attento! C'è la pula!**
Vorsicht! Die Bullen kommen!

**Attenzione! In questa strada ci sono spesso i caramba!**
Vorsicht! In der Straße sind oft die Bullen unterwegs!

**Occhio ai pullotti!**
Achte auf Bullen!

**Attento, questa strada è piena di autovelox!**
Achtung, in der Straße gibt's ne Menge Blitzer!

**Occhio, qua multano di brutto!**
Vorsicht, hier schreiben sie jeden auf!

# Übles Ende

*Wenn du mitten in einer Schlägerei gelandet bist, hast du sicher was zu erzählen.*

**Ieri sera hanno fatto a botte!**
Gestern Abend haben sie sich geprügelt!

**È scattata la rissa!**
Es gab eine Riesenschlägerei!

**Hanno fatto a botte/a pugni!**
Sie haben sich geprügelt!

**Mario le ha prese!**
Mario hat ganz schön was abbekommen!

**Lo hanno preso a cazzotti!**
Sie haben ihn zusammengeschlagen!

**Lo hanno ...**
**messo dentro.**
**messo in gabbia.**
**messo al fresco.**
**messo in gattabuia.**

Sie haben ihn eingelocht.

## Für Insider

In Italien unterscheidet man zwischen der Polizei und den Karabinieri. Karabinieri sind für kleinere Bereiche auf kommunaler Ebene zuständig. Die Polizei ist regional tätig. Wenn ein Autofahrer einen anderen vor den Bullen warnen will, blendet er, wie in Deutschland, kurz auf.

# ENTERTAINMENT 13

*Hier findest du alles, was du brauchst, um bei Musik, Film und Fernsehen mitreden zu können.*

- *Coole Mucke*
- *Wichtige Technik*
- *TV-Highlights*

# Coole Mucke

*Und was hörst du so?*

| | |
|---|---|
| **Mi piace ...** | Ich steh auf ... |
| **la musica pop.** | Pop. |
| **il rock italiano.** | Italo-Rock. |
| **la musica rock.** | Rock. |
| **la musica anni '60/'70/'80.** | Musik aus den 60ern/70ern/80ern. |
| **la salsa e merengue.** | Salsa und Merengue. |
| **la latino-americana.** | Latino-Pop. |
| **il liscio.** | Volksmusik. |
| **la techno.** | Techno. |
| **la musica classica.** | klassische Musik. |
| **l'house.** | House. |
| **il raggae.** | Reggae. |
| **l'hip-hop.** | Hip-Hop. |
| **la ska.** | Ska. |

**Impazzisco per il rock.**
Ich steh total auf Rock.

**Sono un fanatico della musica classica.**
Ich bin verrückt nach klassischer Musik.

**L'house mi piace un casino.**
Ich fahr total auf House ab.

**Sono stato ad un concerto ...**

**favoloso.**
**spettacolare.**
**meraviglioso.**
**troppo figo.**
**della Madonna.**
**da paura.**

Ich war auf einem <u>endgeilen</u> Konzert.

**Sono stato ad un concerto ...**

**schifoso.**
**deludente.**
**di merda.**
**da panico.**

Ich war auf einem beschissenen Konzert.

**Mi piace ascoltare la musica a palla/a manetta.** NORDITALIEN
Ich dreh die Musik am liebsten voll auf.

## Das nötige Equipment

*Was du zum Musikhören brauchst ...*

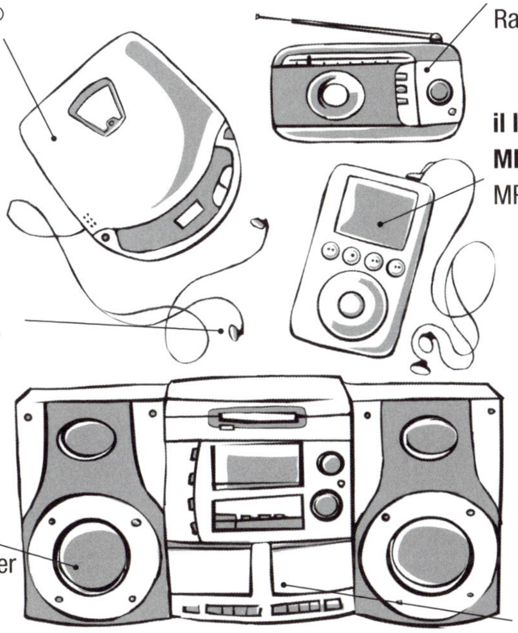

# Film und Fernsehen

*Die Sprache des Showbiz*

| | |
|---|---|
| **Mi piace/piacciono un sacco ...** | Ich liebe ... |
| **i cartoni animati.** | Zeichentrickfilme. |
| **le telenovelas.** | südamerikanische Soaps. |
| **le soap.** | Soaps. |
| **il tg.** | Nachrichtensendungen. |
| **i reality show.** | Reality-Shows. |
| **i quiz televisivi.** | Quizshows. |

**Dove hai messo la guida TV?**
Wo hast du die Fernsehzeitung hin?

**Mi passi il telecomando?**
Gibst du mir die Fernbedienung?

**Non cambiare!**
Schalt nicht um!

**Ti va di andare al cinema?**
Lust auf Kino?

**Ci prendiamo un video/DVD?**
Leihen wir uns 'nen Film/'ne DVD aus?

## Für Insider

Italienische Teens hören ganz unterschiedliche italienische und ausländische Musik. Merkwürdig ist, dass Italiener kaum auf die im Ausland so beliebten Sänger aus dem eigenen Land wie Eros Ramazzotti, Nek oder Laura Pausini stehen. Sie hören am liebsten Italo-Rock: Vasco Rossi, Ligabue, Piero Pelù und Jovanotti gehören zu den beliebtesten Stars. Im Ausland kennt sie kaum jemand.

| | |
|---|---|
| **Vorrei vedere ...** | Ich hätt jetzt Bock auf einen ... |
| **un film d'azione.** | Actionfilm. |
| **un film d'amore.** | Liebesfilm. |
| **un film dell'orrore.** | Horrorfilm. |
| **un giallo/noir.** | Krimi. |

| | |
|---|---|
| **L'avete ...** | Habt ihr ihn ... |
| **in italiano?** | auf Italienisch? |
| **in lingua originale?** | im Original? |
| **sottotitolato?** | im Original mit Untertiteln? |

## Für Insider

In Italien ist man genauso heiß auf US-Serien wie „Friends“ und „Sex and the City“ wie in Deutschland – dagegen kommen italienische Eigenproduktionen, wie die Serie „Carabinieri“, einfach nicht an! „Il grande fratello“, die italienische Variante von „Big Brother“, hat unter Jugendlichen eine riesige Fangemeinde und produziert immer wieder für kurze Zeit neue Stars und Sternchen, die nach ihrer Zeit im Haus von einer Show zur nächsten weitergereicht werden.

Schon immer und noch immer ein Highlight im italienischen TV-Jahr ist das Musikfestival „Festivalbar“, ein Musikwettbewerb, bei dem sich italienische und ausländische Künstler messen können. Anders das „Festival di Sanremo“ im Februar, bei dem nur italienische Sänger auftreten und das besonders bei älteren Generationen sehr beliebt ist.

Außerdem ein Muss für den jugendlichen TV-Fan: Comedy-Shows wie „Zelig“ und Satire-Shows wie „Striscia la Notizia“ und „Le iene“, die mit sehr viel Ironie Nachrichten kommentieren, Skandale aufdecken und ihre Zuschauer zum Lachen bringen!

# 14 GESTEN

*Italiener sind auf der ganzen Welt für ihre ausschweifenden Gesten bekannt. Hier die üblichsten Handzeichen, die dir in Italien begegnen können:*

**Was erzählst du da für einen Scheiß?!/Was willst du eigentlich?!**

Die italienische Geste schlechthin. Es gibt kaum einen Italiener, der sie noch nicht benutzt hat.

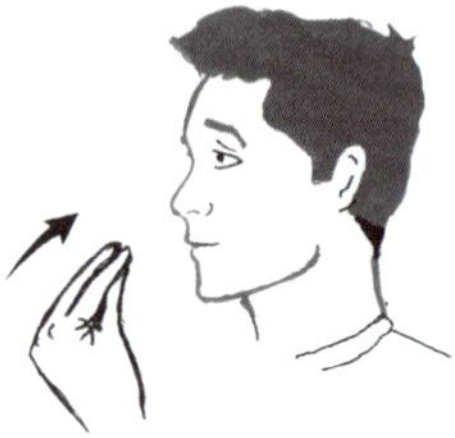

**Bist du verrückt?**

Immer angebracht, wenn jemand was total Abgefahrenes gemacht hat!

**Verpiss dich!/Fuck you!**

Entweder du bist wirklich stinksauer, oder du sagst es im Spaß zu einem Kumpel, der dich gerade geärgert oder verarscht hat.

## Ich mach dich fertig!

So kannst du jedem drohen, der dir auf den Sack geht ... wenn er nicht stärker ist als du!

## Ich vergaß!

Unterstreich das Ganze mit einem genervten: **„Dimenticativo“**.

## Genial!

Hiermit kannst du alles Schöne beschreiben, was du gesehen oder erlebt hast: ein hübsches Mädchen oder einen hübschen Typen, eine geniale Kneipe oder einen perfekten Urlaub.

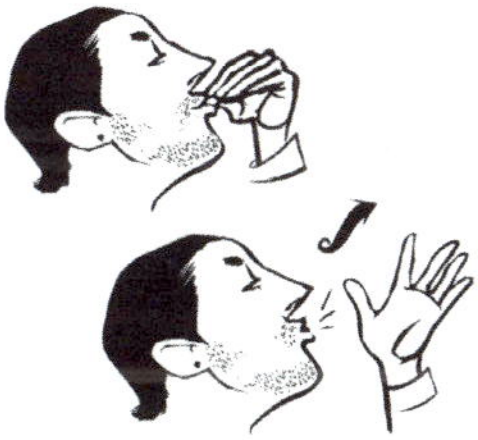

## Mmh, lecker!

Eine kindliche Geste, die aber auch bei Erwachsenen noch gesehen wird.

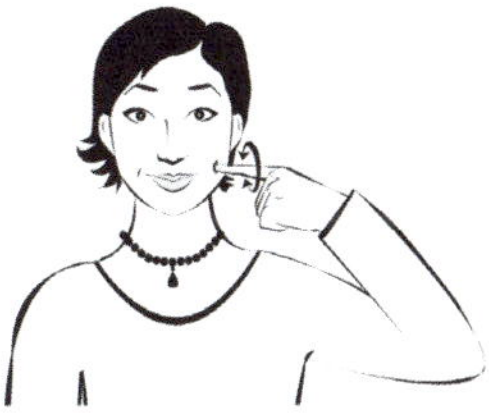

## Kapitel 14

## Er ist schwul!

Sag dazu in verschwörerischem Ton:
**„È un ricchione!“**

## Ich hatte Sex!

Funktioniert auch ohne Worte; aber wenn du besonders cool sein willst sag: **„Ho trombato!“**

## Er holt sich einen runter/hat sich einen runtergeholt.

Das Zeichen allein sagt nichts darüber aus, wer masturbiert oder masturbiert hat. Du kannst es also immer verwenden, egal von wem du sprichst.